나 혼자 간다!

여행 중국어

나 혼자 간다! 여행 중국어

초판 1쇄 인쇄 2019년 9월 27일
초판 1쇄 발행 2019년 10월 7일

지은이 최진권
펴낸이 서덕일
펴낸곳 문예림

출판등록 1962.7.12 (제406-1962-1호)
주소 경기도 파주시 회동길 366 (10881)
전화 (02)499-1281~2 **팩스** (02)499-1283
전자우편 info@moonyelim.com
홈페이지 www.moonyelim.com

ISBN 978-89-7482-910-0 (13720)
값 12,000원

나 혼자 간다!

여행 중국어

최진권 지음

문예림

머리말

일러두기

- 이 책의 한어병음은 정서법규칙 근거로 작성하였다.
  〈생생 여행팁〉〈중국이 궁금해〉는 19년 기준으로 작성하였다.

중국은 지역마다 다양한 문화가 있어서 다양한 볼거리와 먹거리가 있는 곳입니다. 지리적으로도 한국과 가까워서 마음만 먹으면 갈 수 있는 곳이죠.
실제로 저자가 여행을 하면서 여행에서 꼭 필요한 대화문과 유용한 표현을 중심으로 집필을 하였습니다.

총 9개의 주제에 34개의 상황별로 정리를 하였습니다.
상황에 따른 대화문, 상황에 필요한 유용한 표현, 관련된 어휘, 중간에 생생여행팁을 통해서 그 상황에 맞는 유용한 여행 정보를 제공하였으며, 중국이 궁금해를 통해서는 중국의 문화 및 중국에 대한 정보를 추가하였습니다.

중국여행을 하면서 꼭 필요한 표현을 정리를 했기 때문에 상황에 따라서 적재적소에 꺼내서 쓸 수 있도록 하였습니다. 더 주안점을 둔 것은 여행을 하면서 하고 싶은 말을 그들에게 전달할 수 있는 표현에 더 중점을 두었습니다.

이 책을 쓰면서 예전에 중국에서 공부하면서 여행을 했던 그 시절을 다시 되돌아보고 스스로 시간여행을 하는 듯한 느낌을 받았습니다. 글 쓰는 내내 행복했으며 그 행복이 모든 독자들에게 전달이 되었음 하는 작음 바램을 가져봅니다. 〈나 혼자 간다! 여행 중국어 회화〉로 인해 중국어 뿐만 아니라 중국에 가졌던 편견을 깰 수 있는 계기가 되었음 하는 바람입니다. 마지막으로 이 책이 나올 수 있도록 도와주신 출판사 여러분께도 심심한 감사의 말씀을 드리고, 항상 저를 믿고 지지해준 가족들에게도 사랑하고 고맙다는 말을 전하고 싶습니다.

2019년, 최진권

차례

8 거주

9 이웃관계

① 현대 표준 중국어

1955년 10월에 전국문자개혁회의(全国文字改革会议)와 현대한어규범문제학술회의(现代汉语规范问题学术会议)가 차례로 열려 결의의 형태로 '普通话(보통화)'를 중국의 민족공동어 법정 명칭으로 확정하였으며, '普通话'의 음성표준과 어휘 및 문법의 규범 등에 관한 원칙을 통과시켰다. 1958년에는 〈한어병음방안〉이 공포되었고, 1982년 UN의 지명 표준화기구에서 〈한어병음방안〉을 중국의 인명과 지명 표기의 국제적 표준으로 통과시켰다. 보통화는 현대중국어의 음성표준, 어휘기초, 문법규범을 정의한 것이다.

② 중국어의 고립어적 특징

우리말이나 일본어는 교착어에 속하고, 영어나 유럽의 언어는 대부분 굴절어에 속한다고 구분할 수 있다. 중국어는 대표적인 고립어로 분류되는 언어이다. 고립어인 중국어는 문법 관계를 나타내기 위해서 교착어처럼 조사 혹은 어미 활용을 하지 않으며, 굴절어처럼 시제(时制) 및 성(性), 수(数) 등에 의한 단어 내부의 변화가 절대로 발생하지 않는다. 그런 이유로 중국어는 주어와 목적어의 위치만 바뀔 뿐, 어떤 외형적 변화가 일어나지 않는 가장 큰 특징을 가지고 있다.

③ 중국어의 음절 구성

好(좋다)
hao

→ 성조

h ǎo
성모 운모

중국어의 음절은 성모, 운모, 성조 세 가지로 구성 되어있다.
성모는 우리말의 자음에 해당하는 부분으로 모두 21개가 있다.
운모는 우리말의 모음에 해당하는 부분으로 모두 36개가 있다.
성조는 아래에서 다시 다루기로 한다.

④ 성조

성조(声凋)는 자음이나 모음과 마찬가지로 음성(말소리)을 구성하는 성분의 하나이다. 음 높이의 변화 또는 음높이라고 할 수 있다. 기본적으로 네 가지의 성조를 가지고 있다. 중국어는 각 글자마다 성조를 가지고 있는데 발음이 같더라도 성조에 따라 그 의미가 달라지기 때문에 중국어에서 성조는 매우 중요하고, 의미 변별 기능을 가지고 있다.

第1声	第2声	第3声	第4声	轻声
ā	á	ǎ	à	a

a > o = e > i = u = ǚ
i와 u가 함께 나오면 둘 중 뒤에 있는 운모 위에 성조 표기를 한다.
i위에 성조를 표기해야 할 경우, i위의 점은 생략하고 표기한다.

제1성

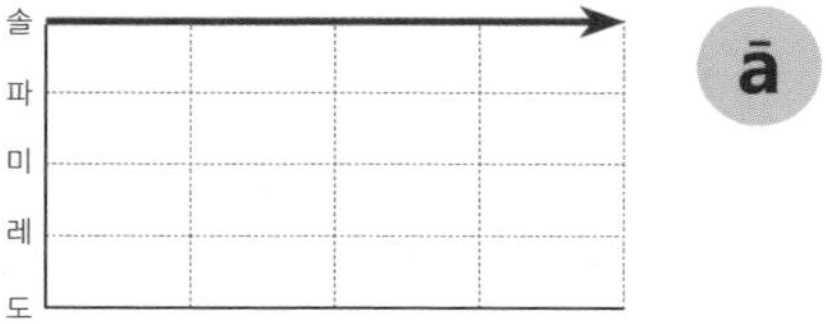

제1성 가장 높은 성조로 '솔'음에서 시작해서 '솔'음으로 끝나는 성조이다. 약간 높아서 지속적으로 음을 내주기가 불편한 상태라야 정확한 높이이다. 한국어 하듯이 편하게 발음이 난다면 그것은 실제 음보다 약간 낮은 상태일 것이다.
(치과에서 치료 받을 때 입을 크게 벌리고 "아–" 하듯이)

제2성

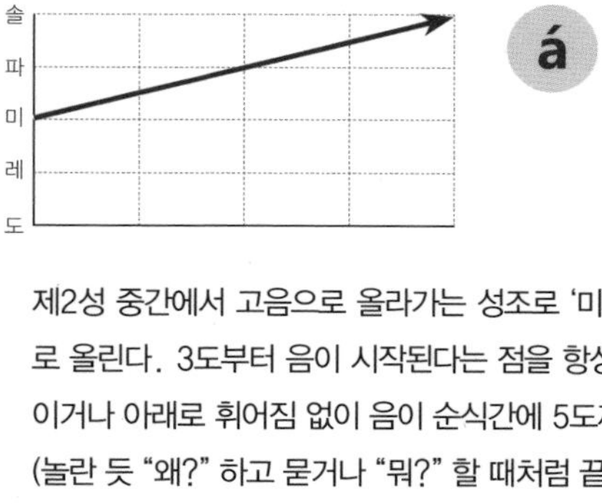

제2성 중간에서 고음으로 올라가는 성조로 '미'음에서 시작해서 '솔'음까지 똑바로 올린다. 3도부터 음이 시작된다는 점을 항상 염두에 두자. 그리고 중간이 꺾이거나 아래로 휘어짐 없이 음이 순식간에 5도까지 올라간다.
(놀란 듯 "왜?" 하고 묻거나 "뭐?" 할 때처럼 끝을 올려서 날리듯.)

제3성

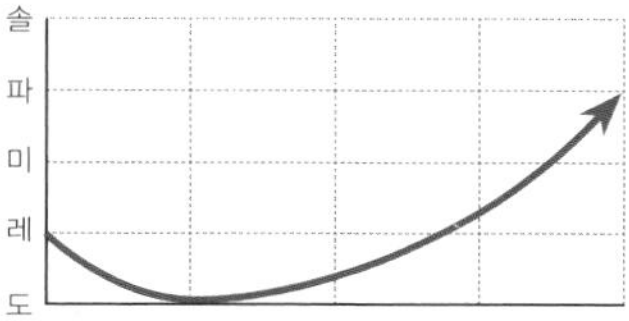

ǎ

제3성 낮은 음에서 시작해서 가장 낮은 음으로 내려갔다가 다시 중간 음까지 올려주는 성조이다. 그냥 편안하게 음을 툭 떨어뜨려 준다는 기분으로 시작하자. 1도까지 내려간 상태는 가슴 저 밑바닥까지 음이 내려갔다는 기분이 들어야 한다. (한숨 쉬듯이 툭~)

제4성

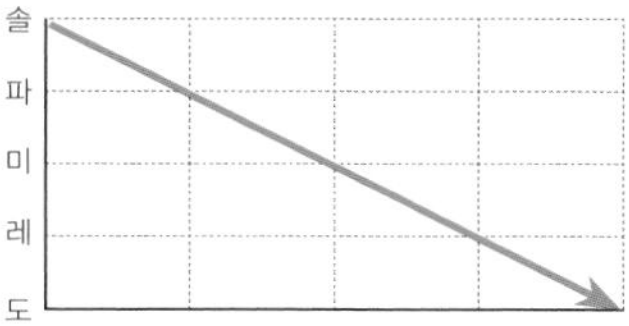

à

제4성 가장 높은 음에서 가장 늦은 음으로 떨어지는 성조로 '솔'보다 약간 높은 음에서 시작해서 '도'음을 향해 빠르게 말꼬리를 내려주면 된다. 5도에서 1도까지 대각선으로 떨어지는 음이다. 직선으로 떨어뜨리지 않도록 조심해야한다. 그리고 처음 시작 할 때만 너무 음에 힘을 주고 나중에 힘을 빼버리면 듣기 이상한 발음이 된다. 처음에도 너무 힘은 주지 말고 음이 끝나는 순간까지 힘을 고르게 주자. (놀이기구에서 놀 때 까악! 하고 울듯이 떨어뜨리면서)

경성은 가볍게 내는 소리로 성조표기를 하지 않으며, 가볍게 살짝 찍고 간다는 느낌으로 하면 된다.

⑤ 성모

성모는 우리말의 자음에 해당하는 부분으로 모두 21개가 있다.

❶ **쌍순음:** 아랫입술과 윗입술을 붙였다 떼면서 내는 소리로 o운모를 붙여 읽는다.

b [뽀어] 입술을 붙였다 떼면서 [뽀어]라고 발음

p [포어] 입술을 붙였다 떼면서 가볍게 [포어]라고 소리낸다

m [모어] 입술을 붙였다 떼면서 [모어]라고 소리낸다

❷ **순치음:** 아랫입술 안쪽을 윗니에 살짝 댔다 떼며 내는 소리로 o운모를 붙여 읽는다.

f [퍼어] 윗니로 아랫입술을 살짝 물어주면서 [퍼어]라고 소리낸다.

❸ **설첨음:** 혀끝으로 윗잇몸을 쓸어내리는 기분으로 발음하며, e운모를 붙여 읽는다.

d [뜨어] 뜨거운 것을 먹었을 때처럼 [뜨어]라고 소리낸다.

t [트어] 혀끝으로 윗잇몸을 살짝 건드리면서 [트어]라고 소리낸다.

n [느어] 혀끝으로 윗잇몸을 대었다 떼면서 [느어]라고 소리낸다.

l [르어] 혀끝을 윗잇몸에 대었다 떼면서 [르어]라고 소리낸다.

❹ **설근음:** 혀뿌리로 목구멍 깊숙한 곳에서부터 끌어 올리듯이 발음하며, e운모를 붙여 읽는다.

g [끄어] 목에서 뭔가 끌어내듯 [끄어]라고 소리낸다.

k [크어] 마찬가지로 뭔가 끌어내듯 [크어]라고 소리낸다.

h [흐어] 흑흑흑 할때처럼 입안의 기류가 입천장을 타고 입 밖으로 나온다는 기분으로 [흐어]하고 뱉어낸다

❺ **설면음:** 가볍게 혀를 아랫니 쪽에 대면서 발음하며, i운모를 붙여 읽는다.

j q x 운모 u와 결합을 하게 되면 실제 발음은 [ǚ]로 발음해야 한다.

j [지] 입을 옆으로 벌리고 [지]하고 소리낸다.

q [치] 부드럽게 [치]하고 발음한다.

x [시] 입을 옆으로 벌리고 [시]하고 소리낸다.

❻ **설치음:** 혀끝을 윗니와 아랫니가 맞물리는 부분에 두고 밀어내듯이 발음하며, i운모를 붙여 읽는다. 운모 i와 결합을 하지만 '으' 발음을 해야 한다.

z [쯔] 입을 옆으로 벌리고 [쯔]하고 소리낸다.

c [츠] 입을 옆으로 벌리고 [츠]하고 소리낸다.

s [쓰] 입을 옆으로 벌리고 [쓰]하고 소리낸다.

❼ **권설음:** 혀끝을 올려서 혀를 말듯이 발음하며, i운모를 붙여 읽는다.

zh [즈] 혀끝을 위로 들어올려 입천장 쪽으로 밀면서 [즈]하고 소리낸다.

ch [츠] 'zh'와 발음하는 방법은 같으며, 'zh'보다 더 힘을 주어[츠]하고 소리낸다.

sh [스] 혀끝을 위로 들어올려 입천장 쪽으로 밀면서 [스]하고 소리낸다.

r [르] 혀끝을 위로 들어올려 입천장 쪽으로 밀면서 [르]하고 소리낸다.

⑥ 운모

운모는 우리말의 모음에 해당하는 부분으로 모두 36개가 있다.

❶ 기본운모

a[아] o[오어] e[으어] i[이] u[우] ǚ[위] er[얼]

a[아] 입을 자연스럽게 벌려[아]하고 소리낸다

o[오어] 입술은 둥근 모양으로 [오]음을 내다가, 끝에 살짝 [어]하고 붙여준다.

e[으어] [으]음을 내다가 끝에 살짝[어]하고 붙여준다.

i[이] 가지런한 이를 보여준다고 생각하면서 입을 옆으로 벌려 [이]하고 발음한다.

u[우] 야유할 때의 기분으로 입을 앞으로 내밀면서 [우]하고 발음한다.

ǚ [위] 입을 약간 옆으로 늘어뜨리며 [우]와[위]의 중간으로 발음한다.

*i u ǚ는 단독으로 음절을 구성할 때 yi, wu, yu로 표기한다.

*ǚ와 결합할 수 있는 것은 j, q, x, n, l 뿐이다.

❷ 복합운모

ai[아이] ei[에이] ao[아오] ou[어우] an[안] en[으언]
ang[앙] eng[엉] ong[옹]

ai[아이] 입을 자연스럽게 벌리면서 [아이]하고 소리낸다

ei[에이] 입을 자연스럽게 벌리면서 [에이]하고 소리낸다

ao[아오] 입을 자연스럽게 벌리면서 [아오]하고 소리낸다.

ou[어우] 실제 사용시 단어에 따라서 [오우]처럼 들리는 경우도 있다.

an[안] 입을 벌리고 [안]하고 소리낸다.

en[으언] 먼저 [으]소리를 내다가 끝에 [언]하고 살짝 붙여준다.

ang [앙] 어린아이가 울음을 터뜨리듯 [앙]하고 소리낸다.

eng [엉] [응]에 가깝게 때로는 [엉]에 가깝게 발음한다.

ong [옹] 기본은 [옹]이지만 실제는 단어에 따라서 [웅]에 가깝게 발음하기도 한다.

❸ i와 결합운모

ia [이아] **ie** [이에] **iao** [이아오] **iou** [이어우] **ian** [이엔]
in [인] **iang** [이앙] **ing** [이응] **iong** [이옹]

ia [이아] 'a'를 강하게 발음함 [이아]하고 소리낸다. 단독 표기 시 ya [야]

ie [이에] 'e'를 강하게 발음함 [이아]하고 소리낸다.
단독 표기 시 ye [이에]

iao [이아오] 중간발음 'a'를 가장 강하게 발음한다. 단독 표기 시 yao [야오]

iou [이어우] 성모와 결합할 때는 'iu'로 바꿔준다.

ian [이엔] 입을 자연스럽게 벌려 발음하며, 절대로 [이안]으로 발음하지 않는다. 단독 표기 시 yan [이엔]

in [인] 'i'를 강하게 'n'을 약하게 발음한다. 단독 표기 시 yin [인]

iang [이앙] 단독 표기 시 yang [이양]

ing [이응] 비음이 섞여 [이응]으로 발음한다. 단독 표기 시 ying [이응]

iong [이옹] 입을 가볍게 옆으로 벌리고 [이옹]이라고 소리낸다.

❹ u와 결합운모

ua [우아] uo [우어] uai [우아이] uei [우에이]
uan [우안] uen [우언] uang [우앙] ueng [우엉]

ua [우아] 'u'는 약하게 'a'는 길고 강하게 발음한다. 단독 표기 시 wa [와]

uo [우어] 'u'는 약하게 'o'는 길고 강하게 발음한다. 단독 표기 시 wo [워]

uai [우아이] 중간발음 'a'를 강하게 발음한다. 단독 표기 시 wai [와이]

uei [우에이] 중간발음 'e'를 강하게 발음한다

성모를 결합할 때는 'ui'로 바뀌는데 'e'발음은 그대로 살려 발음한다.

uan [우안] 중간발음 'a'를 강하게 발음한다. 단독 표기 시 wan [완]

uen [우언] 성모와 결합할 때는 'um'으로 표기한다. 단독 표기 시 wen [원]

uang [우앙] 입을 내밀면서 [우앙]하고 소리낸다. 단독 표기 시 wang [왕]

ueng [우엉] 입을 내밀었다가 끌어들이면서 소리낸다.
단독 표기 시 weng [웡]

❺ ǚ와 결합운모

ǚe [위에] ǚan [위엔] ǚn [윈]

ǚe [위에] 기본 'ǚ' 발음에 'e'를 붙여 [위에]라고 발음.
단독 표기 시 yue [위에]

ǚan [위엔] 기본 'ǚ' 발음에 'an'을 붙여 [위엔]라고 발음.
단독 표기 시 yuan [위엔]

ǚn [윈] 기본 'ǚ' 발음에 'n'를 붙여 [윈]이라고 발음.
단독 표기 시 yun [윈]

7 성조변화

❶ 제3성의 성조 변화

제3성의 음절이 연속으로 두 개 나올 경우 제3성은 제2성으로 읽는다. 표기는 그대로 제3성으로 한다. 제2성으로 하는 이유는 발음하기가 어렵기 때문이다. 제3성의 음절이 연속으로 세 개 나올 경우 제3성은 2,2,3성으로 읽는다. 혹은 반3성, 2성, 3성으로 읽어도 된다.

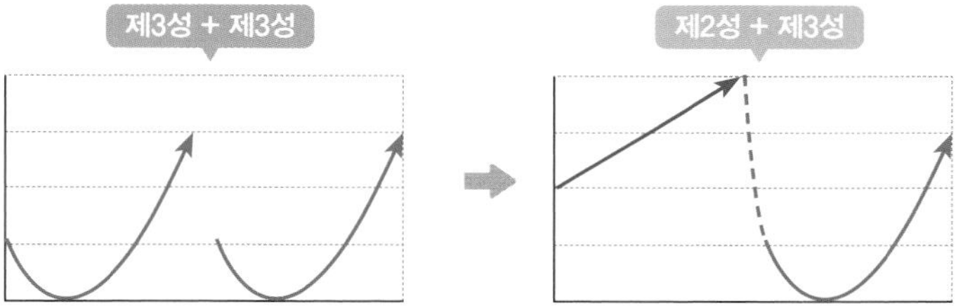

❷ 반3성

제3성 음절 뒤에 제1성, 제2성, 제4성, 경성이 오게 되면 앞의 제3성은 내려가는 부분만 발음되고, 올라가는 부분은 발음되지 않는데, 이를 반3성이라고 한다. 3성의 경우는 대부분 반3성으로 발음을 하는 경우가 많다.

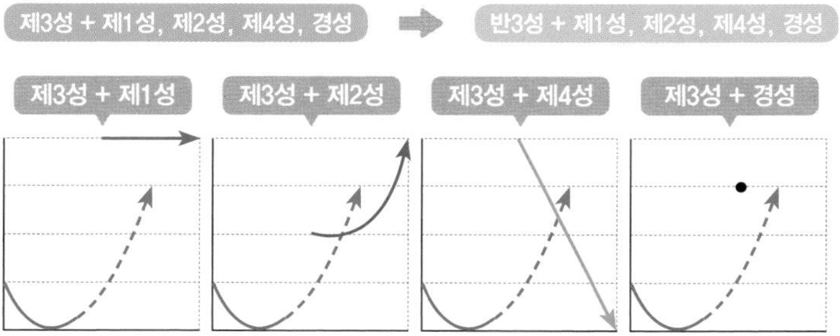

❸ 不의 성조변화

不[bù]는 원래 제4성이지만, 뒤에 제4성이 올 경우 제2성(bú)으로 발음된다.

不[bù] + 4성	⇒	不[bù] + 4성

❹ 一의 성조변화

숫자 一[yī]는 단독으로 읽을 때와 서수로 쓰일 때만 제1성으로 그대로 읽고, 그 외에는 성조가 변한다.

제1성 그대로 발음되는 경우

숫자 그대로 읽을 때 서수로 쓰일 때	一[yī]

성조가 변하는 경우

제1, 2, 3성 앞에서는 제4성으로 읽고, 제4성이나 제4성이 변한 경성 앞에서는 제2성으로 발음된다.

一[yī] + 제1성, 제2성, 제3성	一[yī] + 제4성, 경성
yì tiān yì nián	yí hào yí gè

중국 지도와 행정구역

중국은 모택동이 1949년 10월 1일 북경의 천안문광장에서 중화인민공화국의 성립을 선언한 이래 중국 22개 성, 4개 직할시, 5개 자치구, 타이완, 홍콩, 마카오의 특별행정구 등 34개의 퍼즐로 이루어져 있다.

중국은 육지 면적이 약 960만 제곱킬로미터로 아시아에서 가장 큰 나라이다.

홍콩과 마카오는 성 · 시 · 자치구 수주의 행정단위가 아니었으나 중국 반환 후에 특별행정구가 되었기 때문에 동등한 행정단위로 봐야 할 것이다. 또한 중화민국이라는 국호를 쓰고 있는 타이완과 1949년 이후 중화인민공화국으로 국명을 바꾼 중국 본토와의 통일 문제는 여전히 역사적 과제로 남아 있다.

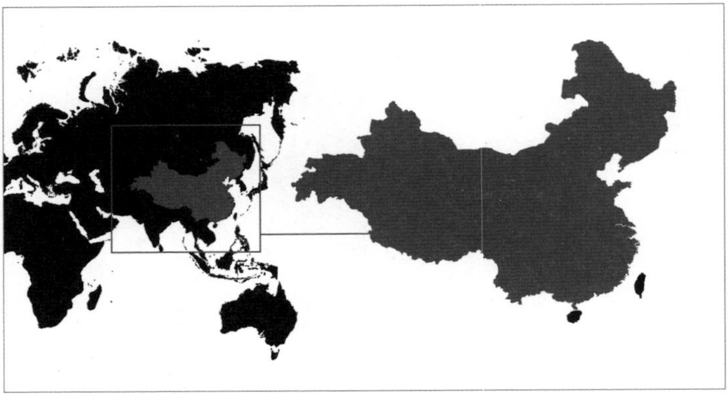

중국의 지도

黑龙江省
吉林省
内蒙古自治区
辽宁省
新疆维吾尔自治区
北京市
河北省
天津市
甘肃省
宁夏回族自治区
陕西省
山东省
青海省
西藏自治区
河南省
江苏省
陕西省
安徽省
上海市
四川省
湖北省
浙江省
重庆市
湖南省
江西省
贵州省
福建省
云南省
广西壮族自治区
广东省
澳门特别行政区
香港特别行政区

22개 성

성명	한글표기	약자	시
安徽省(Ānhuī Shěng)	안후이성	皖(Wǎn)	허페이
福建省(Fújiàn Shěng)	푸젠성	闽(Mǐn)	푸저우
甘肃省(Gānsù Shěng)	간쑤성	甘/陇(Gān/Lǒng)	란저우
广东省(Guǎngdōng Shěng)	광둥성	粤(Yuè)	광저우
贵州省(Guìzhōu Shěng)	구이저우성	黔/贵(Qián/Guì)	구이양
海南省(Hǎinán Shěng)	하이난성	琼(Qióng)	하이커우
河北省(Héběi Shěng)	허베이성	冀(Jì)	스자좡
黑龙江省(Hēilóngjiāng Shěng)	헤이룽장성	黑(Hēi)	하얼빈
河南省(Hénán Shěng)	허난성	豫(Yù)	정저우
湖北省(Húběi Shěng)	후베이성	鄂(È)	우한
湖南省(Húnán Shěng)	후난성	湘(Xiāng)	창사
江苏省(Jiāngsū Shěng)	장쑤성	苏(Sū)	난징
江西省(Jiāngxī Shěng)	장시성	赣(Gàn)	난창
吉林省(Jílín Shěng)	지린성	吉(Jí)	창춘
辽宁省(Liáoníng Shěng)	랴오닝성	辽(Liáo)	선양
青海省(Qīnghǎi Shěng)	칭하이성	青(Qīng)	시닝
陕西省(Shǎnxī Shěng)	산시성	陕/秦(Shǎn/Qín)	시안
山东省(Shāndōng Shěng)	산둥성	鲁(Lǔ)	지난
山西省(Shānxī Shěng)	산시성	晋(Jìn)	타이위안
四川省(Sìchuān Shěng)	쓰촨성	川/蜀 (Chuān/Shǔ)	청두
云南省(Yúnnán Shěng)	윈난성	滇/云 (Diān/Yún)	쿤밍
浙江省(Zhèjiāng Shěng)	저장성	浙(Zhè)	항저우

5개 자치구

자치구명	한글표기	약자	시
广西壮族自治区 (Guǎngxī Zhuàngzú Zìzhìqū)	광시 장족	桂(Guì)	난닝
内蒙古自治区 (Nèi Měnggǔ Zìzhìqū)	내몽골	内蒙古 (NèiMěnggǔ)	후허하오터
宁夏回族自治区 (Níngxià Huízú Zìzhìqū)	닝샤 후이족	宁(Níng)	인촨
西藏自治区 (Xīzàng Zìzhìqū)	티베트	藏(Zàng)	라싸
新疆维吾尔自治区 (Xīnjiāng Wéiwú'ěr Zìzhìqū)	신장 위구르	新(Xīn)	우루무치

4개 직할시

시명	한글표기	약자
北京市 (Běijīng)	베이징	京(Jīng)
重庆市 (Chóngqìng)	충칭	渝(Yú)
上海市 (Shànghǎi)	상하이	沪(Hù)
天津市 (Tiānjīn)	톈진	津(Jīn)

2개 특별행정구

특별행정구	한글표기	약자
香港特别行政区 (Xiānggǎng Tèbié Xíngzhèngqū)	홍콩 특별행정구	港(Gǎng)
澳门特别行政区 (Àomén Tèbié Xíngzhèngqū)	마카오 특별행정구	澳(Ào)

● 화폐

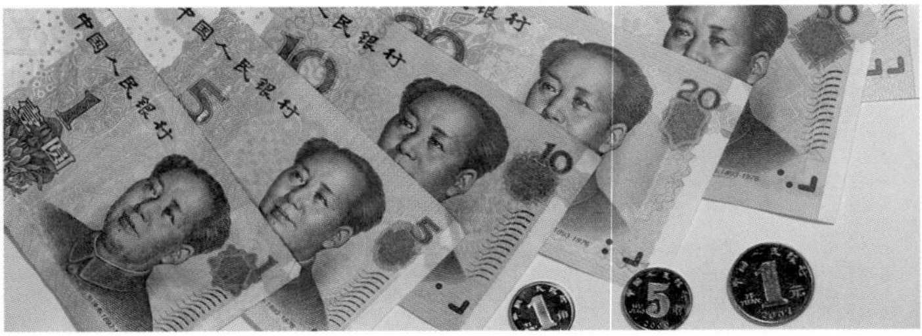

중국에서 사용하는 돈은 인민폐(人民币)이다. RMB라고도 하는데 한어병음의 앞 글자만 가지고 와서 명칭을 한다. 인민폐의 단위는 元(위안)이다.
지폐와 동전으로 구성이 되어 있는데 지폐로는 1위안, 5위안, 10위안, 20위안, 50위안, 100위안으로 구성되어 있다. 물론 위안 밑에 단위인 毛(마오)와 分(펀)의 지폐도 있기는 하지만 요즘은 거의 사용을 하지 않는다.

모든 지폐에는 제1대 주석인 마오쩌둥의 사진으로 구성되어 있다. 동전의 경우 1元(위안), 5角(지아오), 1角(지아오), 1分(펀)으로 구성이 되어 있지만 거의 사용을 하지 않는다.

지폐의 장소는 아래와 같다.
1위안, 항저우의 서호. 서호 10경 중 제 1경인 삼담인월(三潭印月)이다.
5위안, 산둥성 타이산. 산둥성 타이안(泰安)과 지난(济南) 사이에 위치한 타이산(泰山)이다. **10위안**, 장강싼샤. 충칭시 펑제현 백제성에서 후베이성 이창시 난진관까지 이어지는 장강 주류에는 193킬로미터에 걸쳐서 협곡이 펼쳐져 있는데 그 중 세 개의 협곡인 취탕샤, 우샤, 시링샤를 총칭하여 장강싼샤라고 한다.
20위안, 구이린 산수. 중국 남부 광시좡족 자치구(广西壮族自治区) 동북쪽에 있는 도시이다. **50위안**, 라싸의 포탈라궁. 포탈라궁은 중국 시짱(西藏: 티베트) 자치구의 주도(主都)인 라싸에 있는 달라이라마의 궁전이다.
100위안, 베이징의 인민대회당.인민대회당은 베이징 천안문 광장 서쪽에 있는, 1959년 중화인민공화국 창립 10주년을 기념하여 지어진 건물이다.

숫자와 전화번호

一
yī

二
èr

三
sān

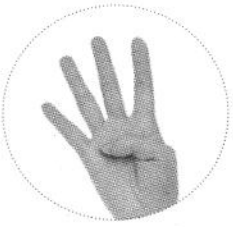
四
sì

五
wǔ

六
liù

七
qī

八
bā

九
jiǔ

十
shí

전화번호, 주소, 여권번호, 자동차 번호 등은 자리 수와 관계없이 하나하나 읽어야 한다. 특히 번호 중의 '1'은 보통 'yāo'라고 읽어야 한다.

20	30	40	50	60
二十[èrshí] 이십	三十[sānshí] 삼십	四十[sìshí] 사십	五十[wǔshí] 오십	六十[liùshí] 육십
70	**80**	**90**	**100**	**1,000**
七十[qīshí] 칠십	八十[bāshí] 팔십	九十[jiǔshí] 구십	一百[yì bǎi] 백	一千 [yì qiān] 천

고속철도

중국은 2008년 8월 1일 베이징올림픽을 앞두고 시속 350킬로미터의 고속철도 베이징-톈진 구간을 최초로 개통했다. 중국의 고속철도 망은 길이 약 2만 5,000킬로미터로서, 세계에서 가장 길다. 세계 2위의 스페인 고속철도 망이 길이 3,081킬로미터이라는 것을 생각하면, 그 규모를 짐작할 수 있다.

2018년 말까지, 중국은 고속철도 망을 더 연장할 계획이고, 광심항 고속철도는, 광저우, 심천, 홍콩의 약 142킬로미터를 잇는다. 건설은 2011년에 시작, 노선의 대부분은 이미 개통되어 있다. 홍콩과 광저우를 1시간 이하로 주파하게 되는데 기차로 갔다면 약 2시간이 걸린다.

기차

기차는 중국을 여행을 할 때 가장 편리한 교통수단입니다. 다양한 열차와 좌석정류가 있어서 기호에 맞게 이용할 수 있다. 일반열차의 경우 장거리 여행자들이 선호하는 노선으로 고속철도에 속도가 느리지만 요금이 저렴하고 침대칸을 이용할 수 있어서 숙박비를 절약할 수 있는 장점이 있다.

버스

시내버스와 시외버스로 분류를 할 수 있는데 기차가 연결되지 않은 도시를 갈 때 유용하다. 시외버스의 경우 일반버스와 하오화버스(豪华), 침대(卧铺)버스로 나누어진다. 침대버스의 경우 야간에 장거리를 이동할 때 이용하고, 일반버스에 비해 요금이 두 배정도 비싸다.

지하철

중국에서 가장 먼저 개통된 지역이 베이징으로 1969년 개통이 되었다. 티엔진이 1976년 개통이 되었고, 상하이는 1993년에 개통이 되었다.

중국의 지하철과 한국의 지하철의 차이점이 있다면 '검사대'가 있다는 것이다. 2008년 올림픽을 앞두고 테러방지를 위해 검사대가 처음으로 실시가 되었는데 지하철 탑승 전, 자신의 짐을 검사대 위에 놓고 검사를 받아야 한다. 물(액체), 칼 등과 같은 위협적인 물건은 지하철 안으로 가져갈 수 없다.

베이징(北京) · 상하이(上海) · 광저우(广州) · 선전(深圳) 등 1선 도시에서만 개통됐던 지하철이 청두(成都) · 난징(南京) · 우한(武汉) · 칭다오(青岛) · 닝보(宁波) 등 경제발전 수준이 높은 2선 도시까지 확장되고 있다.

최근에는 허베이성 스자좡(石家庄)에서 우루무치(乌鲁木齐) · 창춘(长春)에 이르기까지 중국의 여러 도시가 지하철을 개통했다. 2017년 기준 5년 간 지하철이 개통된 도시가 17개에서 27개로 늘어나 전체 노선이 1,740킬로미터에서 3,169킬로미터까지 늘어났다.

베이징의 경우 지하철 노선은 공항노선 포함 총 19개 노선으로 구성되어 있으며 상하이 17개 노선으로 구성되어 있다.

중국의 대표 음식

● 베이징카오이야(北京烤鸭)

베이징 요리 중에서 가장 대표적인 것으로 청대의 궁중요리로 160년의 역사를 지닌 음식이다. 껍데기는 바삭바삭하고 고소한 기름맛이 난다. 고기를 얇게 썰어서 소스를 찍어 오이채와 같은 채소와 함께 바오빙이라는 얇은 밀전병에 싸서 먹는다.

● 마파두부(麻婆豆腐)

사천요리의 대표적인 음식이며 고추기름을 이용하여 조리한 음식이다. 중국 사천지방을 대표하는 마파두부는 '얽었다는 의미'의 '마(麻)'와 '할머니'를 뜻하는 '파(婆)'로 얼굴에 얽은 자국이 있었던 할머니가 만들어낸 음식이다.
주재료는 돼지고기와 홍고추와 청고추 두부를 넣고 졸이는 음식으로 조리시간도 짧으며 간단하게 조리할 수 있어 중국인들이 즐겨 찾는 요리이다.

● 훠궈(火锅)

커다란 용기에 반으로 나눠 한쪽엔 하얀 국물을, 한쪽엔 빨간 국물을 담는다. 하얀 국물(백탕)에는 돼지와 닭 등으로 우려낸 육수에 각종 약재를 넣어 끓이고, 홍탕에는 육수에 고추, 후추, 고추기름을 넣어 끓인다. 백탕은 담백한 맛, 홍탕은 매운 맛을 가지고 있으며, 육수가 끓으면 고기(양고기, 소고기, 돼지고기 등), 야채(배추, 시금치, 팽이버섯, 감자 등) 등을 넣어 끓인다.

훠궈의 유래는 원나라 때로 원나라 황제가 중원에서 전쟁하던 중 북방에서 먹던 양고기 요리가 생각나 이를 만들고자 했지만 적군의 진격이 시작됐다는 첩보가 왔고, 요리할 시간이 부족해진 주방장은 양고기를 얇게 썰어 끓는 물에 데친 뒤 황제에게 가져다주었다. 황제는 이를 급히 먹고 전투를 치렀는데, 전투가 끝난 후에도 주방장이 급히 건네 준 이 음식의 맛이 생각나 주방장에게 상을 내렸다는 이야기가 전해진다.

동파육(东坡肉)

중국 항저우(杭州)의 전통 요리로 큼직한 삼겹살 덩어리를 통째로 향기 좋은 전통 명주, 소흥주에 넣어 삶은 후 간장 등으로 장시간 졸여서 만든 요리이다. 돼지고기의 삼겹살을 대파와 팔각, 술, 간장, 설탕 등을 넣고 육질이 부드러워질 때까지 졸인 것으로 맛과 향이 일품이다. 송나라 때 시인 소동파가 즐겨 먹었다는 이야기가 전해지면서 그의 호를 따 붙여진 이름이다.

불도장(佛跳墙)

중국 요리의 진수라고 할 수 있는 광동요리. 음식을 먹으려면 광동으로 가라는 말이 있을 정도로 중국요리를 대표한다. 사치스러움의 극을 달리는 광동요리로는 불도장, 상어지느러미 요리(삭스핀찜)가 유명하다.

불도장에는 많은 종류의 식재료들이 들어가는데, 닭고기 · 오리고기 · 오리염통 · 닭염통 · 돼지힘줄 · 메추리알 · 비둘기알 · 상어지느러미 · 건전복 · 건조개 · 건해삼 · 건새우 · 건부레 · 구기자 · 표고버섯 · 죽순 · 말린 용안 · 고려인삼 등 18종류의 주재료와 12종류의 부재료를 포함해서 총 30여 종의 식재료가 사용된다. 이들을 굽거나 쪄서 중국 명주인 소홍주(紹興酒)가 담긴 항아리에 넣고 약한불에서 오랫동안 끓여서 만드는데, 재료의 가짓수가 많고 과정이 복잡하여 음식을 만드는 데 하루 내지는 이틀이 꼬박 걸린다.

불도장의 조리법에 대해서는 정해진 바는 없고 예산이나 지역에 따라서 다양한 요리법이 전해지고 있는데, 푸저우 외에도 홍콩과 대만의 불도장이 유명하다. 불도장(佛跳墙)은 '스님이 담장을 넘는다'는 뜻으로, 고기를 먹지 못하는 스님이 유혹에 못 이겨 담장을 뛰어넘어 맛을 볼 정도로 맛있는 요리라는 것을 은유적으로 표현한 것이다.

베이징 4박 5일 여행 일정

베이징의 경우는 근교까지 해서 다 보려면 4박5일의 일정이 필요하다.

DAY 1

천안문 광장(天安门广场)

남북으로 800미터, 동서로는 500미터에 이르는 세계 최대 규모의 도심 광장이다. 황제가 기거하던 자금성(고궁)과 천안문을 지나 정양문까지 연결된 거대한 광장으로 자금성의 한 부분이었다. 천안문동(天安门东)역 출구 C,D또는 천안문서(天安门西)역 출구 C로 나오면 된다.

고궁(故宫)

고궁을 자금성이라고도 불리는데 명나라의 3대 황제 영락제가 수도를 남경에서 연경(지금의 베이징)으로 천도하던 1407년부터 건립하여 1420년에 완성이 되었다 500여 년에 걸쳐서 24명의 황제가 거주하던 황궁으로 세계에 현존하는 왕궁 건축물 가운데 가장 큰 규모의 세계문화유산이다. 천안문동(天安门东)역 출구 A에서 내려서 천안문을 통해 입장한다.

DAY 2

만리장성(长城)

지도상으로 축정된 만리장성의 길이는 2,700킬로미터인데 원래의 총 길이는 약 6,000킬로미터이다. 직접 올라갈 수 있는 곳은 팔달령(八达岭), 거용관(剧庸关), 사마대(司马台)이다. 직행버스로 이용하여 갈 경우 지하철 2호선 지수이탄(积水潭)역 A출구로 나온 후 도보로 덕승문까지 이동한 후 왼쪽에 877번, 919번 직행버스 승강장이 있다. 장성까지는 교통에 따라 다르지만 1-3시간이 걸릴 수 있다.

DAY 3

천단공원(天坛公园)

고궁을 중심으로 동서남북으로 천단, 지단, 일단, 월단과 같은 공원이 있는데 이곳은 명 · 청 시대에 황제가 제사를 지내던 곳이다. 천단공원은 황제가 하늘에 기우제나 다음 해의 풍년을 기원하는 의식을 치르던 곳이다. 지하철 5호선 티엔탄동먼(天坛东门)역 A2 출구오른쪽에 동문 매표소로 직접 연결이 되어 있다.

경산공원(景山公园)

황실을 위해 조성된 인공산이다. 공원 내의 경산에서 시내 경관을 한눈에 내려다볼 수 있으며 거대한 자금성 전체를 조망할 수 있어 관광객이 많이 찾는 곳이다. 5, 810번 버스를 타고 시반차오(西板桥)에서 내리거나 또는 111, 124, 819번 버스를 탄 후 징산둥제(景山东街)에서 내린다.

왕푸징거리(王府井大街)

베이징 최고급 쇼핑거리이다. 우리나라의 명동이라고 생각하면 된다. 왕부정서점에서부터 약 1킬로미터에 걸쳐 보행자 거리가 있다. 지하철 1호선 왕푸징(王府井)역 A 출구로 나오면 바로 연결이 되어 있다.

DAY 4

이화원(颐和园)

총면적 2.9제곱킬로미터에 이르는 중국 최대 규모의 황가원림으로 규모가 큰 만큼 역사도 깊다. 금조(金朝)의 행궁이 있던 자리에 1764년 청(靑)의 건륭제가 대대적인 공사를 통해 대규모 별궁을 완공하고 '청의원(淸漪园)'이라 칭했는데 이것이 이화원의 전신이다. '이화원(颐和园)'은 2차 아편전쟁으로 파괴된 궁을 1888년에 서태후가 재건하면서 붙여졌다. 광대한 면적의 공원에는 중국 전통의 전각과 누각, 다리, 탑 등이 아름다운 정원과 어우러져 있다. 지하철 4호선 시위안(西苑)역 C2출구 또는 베이궁먼(北宫门)역 D출구로 나오면 된다.

수수가(秀水街)

수수가는 1989년부터 길거리에서 손수레나 좌편을 깔고 물건을 팔기 시작하던 곳이었다. 이곳은 모조품을 파는 곳으로 백화점 같은 건물의 모습으로 외국인들이 여행 중 꼭 가는 곳이다. 지하철 1호선 용안리(永安里)역 A출구로 바로 연결이 되어 있다.

상하이 3박 4일 여행 일정

상하이 3박4일을 여행하면 대부분의 주요 관광지를 여유롭게 모두 방문할 수 일정이다.

DAY 1

신천지(新天地)

상하이 최고의 번화가로 상하이 임시정부에서 멀지 않은 곳에 있다. 쇼핑과 식사를 동시에 할 수 있고 한국의 명동과도 같은 느낌을 준다. 지하철 10호선 신천지(新天地)역 1,6번 출구에서 도보로 5분 거리이다.

난징동루(南京东路步行街)

중국 최초의 신작로이자, 와이탄의 배후로 150년 역사동안 최고의 쇼핑거리로 자리 잡고 있다. 1999년 난징동루 일대를 차가 다니지 않는 보행가로 약 1킬로미터에 달하는 거리가 부담스럽다면 전기 관광열차를 타도 된다. 지하철 1,2,8호선 인민광장(人民广场)역 1,9번 출구로 나오거나 혹은 지하철 2,10호선 난징동루(南京东路)역 1,2,3,4번 출구로 나오면 바로이다.

와이탄(外滩)

와이탄은 근대 상하이의 시작점이라고 보면 되는데 1873년 와이탄에 영국 영사관이 생기면서 탄생되었다고 볼 수 있으며 밤마다 야경을 보려는 사람으로 붐빈다. 상하이 관광에서 빼놓을 수 있는 곳이다. 지하철 2호선 난징동루(南京东路)역 2, 3번 출구로 나와 난징동루를 따라 남쪽으로 도보로 7분 거리이다.

DAY 2

디즈니랜드(迪士尼乐园)

2016년 여름에 상하이 디즈니랜드가 개장이 되었고, 미국 플로리다에 있는 디즈니 월드를 제외하고 디즈니랜드 중 세계에서 가장 크고, 아시아에서 가장 큰 테마파크 중의 하나이다. 유일하게 현지화 컨셉으로 개발했다는 것이 특징이다. 지하철 11호선 디즈니(迪士尼)역 1번 출구에서 도보로 5분 거리이다.

DAY 3

예원(豫园)

명 · 청대의 대표적인 강남 정원으로 쑤저우의 4개 정원과 함께 강남 명원으로 손꼽히고 있다. 지하철 10호선 예원(豫园)역 1번 출구로 나와 푸여우루(福右路)를 따라 도보로 5분 거리이다.

주가각(朱家角)

주가각은 상하이에서 가장 오래된 수향(水鄉)으로 '상하이의 베니스'라고 불린다. 1700여 년 전 강물을 따라 마을이 형성되었고, 송나라와 원나라 때 방직 사업이 발달하면서 마을에 큰 시장이 생겼다. 명 · 청시대 때 마을에 천 여개의 상점이 운집했고, 지금은 제2의 전성기를 누리고 있다. 지하철 2호선 홍차오(虹桥火车)역에서 내려서 17호선으로 환승하여 주가각(朱家角)역에서 내린다. 난징동루에서 주가각역까지 약 1시간 20분 소요된다.

칭다오 3박 4일 여행 일정

칭다오 3박4일을 여행하면 칭다오 시내의 주요 관광지를 여유롭게 모두 방문할 수 일정이다.

DAY 1

올림픽 요트 센터 (奥林匹克帆船中心)

2008년 8월8일에 개최된 베이징올림픽 요트 경기가 열린 곳이다.

5·4광장(五四广场)

1919년에 베이징에서 시작된 반제국주의, 반봉건제도 운동으로 5 · 4운동을 기념하는 광장이다. 지하철 5 · 4광장(五四广场)역 C출구에서 도보 5분 거리이다.

• 칭다오 맥주 박물관(青岛啤酒博物馆)

100년이 넘는 역사를 가지고 있는 칭다오 맥주의 다양한 볼거리를 전시하고 있다. 관람 후에 무료로 맥주를 시음할 수 있는 곳이 있는데 맥주 한 잔과 땅콩 한 봉지를 준다. 칭다오(青岛)역에서 217번 버스를 타고 맥주박물관 (青岛啤酒博物馆)정류장에서 내린다.

• 타이동 야시장(台东商业步行街)

칭다오 맥주 거리 근처에 있는 타이동 야시장은 칭다오 시내에서 가장 큰 야시장으로 현지 분위기를 잘 느낄 수 있다. 칭다오 맥주 박물관 출구에서 도보로 5분 거리이다.

DAY 2

• 팔대관(八大关)

중국의 5대 아름다운 도시 구역으로 여러 국가 건축 양식으로 지어진 저택과 별장 2,000여 채가 모여 있다. 건물과 자연이 어울려져 산책과 웨딩 촬영의 명소로 사람이 붐빈다. 칭다오역에서 버스 26, 31, 316, 321번 등을 이용하며 무성관로(武胜关路) 정류장에서 내린다.

중산로(中山路)

칭다오 근대 역사와 함께하는 구시가의 중심이 되는 거리이다. 중국의 문화와 유럽의 문화가 공존하고 있는 곳이다. 칭다오역에서 도보로 3분 거리이다.

지모루 시장(即墨路小商品市场)

칭다오 최대 규모의 모조품을 판매하는 주상 복합형 건물이다. 시립병원(市立医院) 정류장에서 하차 후 도보로 3분 거리이다.

소청도 공원(小青岛公园)

하얀 등대가 매력적인 작은 섬이다. 잔교가 보이는 반대쪽에는 작은 카페와 바다의 풍경을 볼 수 있다. 지하철 4호선 인민회당(人民会堂)역 C출구에서 도보로 20분 거리이다.

운소로 미식거리(云霄路美食街)

신시가의 금융가 쪽으로 많은 음식점이 모여 있다. 까르프와 이온몰 사이에 있고 도보로 5분 거리이다.

DAY 3

신호산 공원(信号山公园)

해발 98미터로 구시가에서 가장 높은 산으로 유럽식 건물 전경이 펼쳐지는 전망대로 360도 회전하여 구시가가 내려 보인다. 인민회당(人民会堂)역 B출구에서 도보로 15분 거리이다.

칭다오 미술관(青岛美术馆)

19세기 후반부터 현대까지 산동반도에서 활동하는 예술가들의 작품을 전시하는 미술관이다. 인기가 있는 이유는 미술관의 독특한 건축양식이다. 인민회당(人民会堂)역 B출구에서 도보로 5분 거리이다.

석노인 해수욕장(石老人海水浴场)

바다를 바라보고 있는 노인을 닮은 바위에서 유래가 되었다. 칭다오에서 가장 큰 해수욕장이고 6월 말부터 8월 중순까지 해수욕을 즐길 수 있다. 칭다오역(구시가)에서 304, 316번 버스를 타고 산동두(山东头) 혹은 칭다오대극원(青岛大剧院) 정류장에서 내리면 된다.

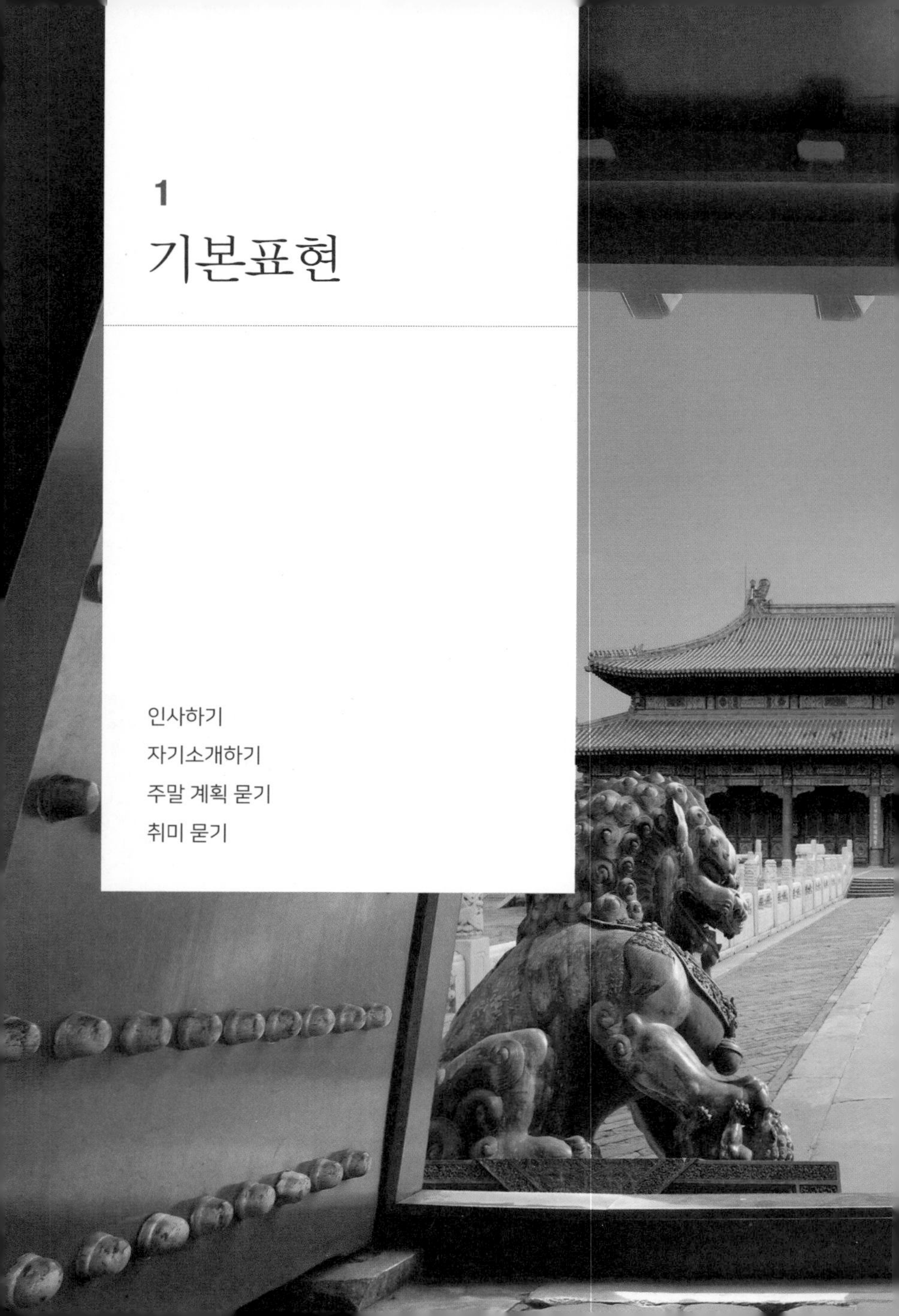

1

기본표현

인사하기

자기소개하기

주말 계획 묻기

취미 묻기

王飞

안녕하세요? 제 이름은 왕페이입니다.

您好! 我叫王飞。

Nín hǎo　wǒ jiào Wáng Fēi

닌 하오,　워 지아오 왕페이

실례지만, 당신의 이름은 무엇인가요?

请问, 您叫什么名字?

Qǐngwèn,　nín jiào shénme míngzi

칭원,　닌 지아오 션머 밍즈

利安

안녕하세요? 제 이름은 최이안입니다.

您好, 我叫崔利安。

Nín hǎo,　wǒ jiào Cuī Lì'ān

닌 하오,　워 지아오 추이 리안

王飞

만나서 반갑습니다.

我认识您很高兴。

Wǒ rènshi nín hěn gāoxìng

워 런스 닌 헌 까오싱

利安

감사합니다. 저도 만나서 반갑습니다.

谢谢, 我也认识您很高兴。

Xièxie,　wǒ yě rènshi nín hěn gāoxìng

시에시에,　워 이에 런스 닌 헌 까오싱

王飞

올해 나이가 어떻게 되세요?

您今年多大?

Nín jīnnián duō dà

닌 진니엔 뚜어 따

利安

저는 올해 서른두 살입니다. 당신은요?

我今年三十二岁，您呢?

Wǒ jīnnián sānshíèr suì, nín ne

워 진니엔 산스얼 수이, 닌 너

王飞

저는 올해 스물아홉 살입니다. 어디 사세요?

我今年二十九岁，您住在哪儿?

Wǒ jīnnián èrshíjiǔ suì, nín zhù zài nǎr

워 진니엔 얼스지우 수이, 닌 쭈 짜이 날

利安

저는 서울에 살아요, 당신은요?

我住在首尔，您呢?

Wǒ zhù zài Shǒuěr, nín ne

워 쭈 짜이 쇼우얼, 닌 너

王飞

저는 베이징 왕징에 살아요.

我住在北京望京。

Wǒ zhù zài Běijīng Wàngjīng

워 쭈 짜이 뻬이징 왕징

利安

좋은 하루 보내세요. 또 봐요.

祝您今天愉快，再见!

Zhù nín jīntiān yúkuài, zàijiàn

쭈 닌 진티엔 위쿠와이, 짜이지엔

我[wǒ 워] 나

也[yě 이에] ~도

高兴[gāoxìng 까오싱] 기쁘다

愉快[yúkuài 위쿠와이] 유쾌하다

您[nín 닌] 당신(높임말)

名字[míngzi 밍즈] 이름

今年[jīnnián 진니에] 올해

叫[jiào 지아오] ~라고 부르다

认识[rènshi 런스] 알다, 인식하다

今天[jīntiān 진티엔] 오늘

생생 여행 *Tip*

• 인사말

중국어의 인사말은 아침인사, 점심인사, 오후인사, 저녁인사, 밤 인사로 나뉘어 있다. 8시 전까지는 아침인사로 早上好[zǎoshang hǎo], 12시 전까지는 오전 인사로 上午好[shàngwǔ hǎo], 점심에는 中午好[zhōngwǔ hǎo], 오후에는 下午好[xiàwǔ hǎo], 저녁에는 晚上好[wǎnshang hǎo], 밤에는 晚安[wǎn'ān]이라고 인사한다.

시간의 구분 없이 쓰는 인사말은 您好[nín hǎo], 你好[nǐ hǎo], 你好吗?[nǐ hǎo ma]이 있는데 您[nín]은 '당신'이라는 의미로 중국어의 유일한 존댓말이라고 할 수 있을 정도로 처음 만나는 사람이거나 윗사람에게 말할 때 쓸 수 있으며, 你[nǐ]는 '너'라는 의미로 친한 사이거나 같은 동년배일 경우 쓸 수 있다. 你好[nǐ hǎo], 你好吗?[nǐ hǎo ma]는 의미가 좀 다른데 영어로 이야기를 하며 더 쉽게 이해할 수 있다.

你好[nǐ hǎo]가 영어로 'Hi'라는 의미이고, 你好吗?[nǐ hǎo ma]는 영어로 'How are you?'라는 의미이기 때문에 상대가 你好라고 말하면 대답도 你好라고 말하면 된다. 그렇지만 상대가 你好吗?라고 물어보면 잘 지낸다 혹은 잘 지내지 못한다고 말을 해야 한다.

A: **你好吗?** 잘 지내?
Nǐ hǎo ma 니 하오 마

B: **我很好. 你呢?** 나 잘 지내. 너는?
Wǒ hěn hǎo, nǐ ne 워 헌 하오, 니 너

我不好。 나 못 지내.
Wǒ bù hǎo 워 뿌 하오

헤어질 때는 보통 再见[zàijiàn]이라고 하지만, 요즘은 영어의 Bye bye의 음을 가지고 와서 拜拜[bàibai]라고 말을 하는 경우가 많다.

유용한
회화 표현

1-2.mp3

선생님, 안녕하세요?	**老师, 您好!** [Lǎoshī, nín hǎo 라오스, 닌 하오]
잘 지내요?	**您过得怎么样?** [Nín guò de zěnmeyàng 닌 꾸어 더 쩐머이양]
저는 잘 지내요.	**我过得很好。** [Wǒ guò de hěn hǎo 워 꾸어 더 헌 하오]
그럭저럭 지내요.	**还可以** [Hái kěyǐ 하이 커이]
오래간만입니다.	**好久不见。** [Hǎojiǔ bú jiàn 하우지우 부 지엔]
요즘 어떠세요?	**最近怎么样?** [Zuìjìn zěnmeyàng 쭈이진 쩐머이양]
하시는 일은 잘 되시나요?	**过得很顺利吗?** [Guò de hěn shùnlì ma 꾸어 더 헌 슌리 마]
부모님께 안부 전해 주세요.	**代我向你的父母问好。** [Dài wǒ xiàng nǐ de fùmǔ wènhǎo 따이 워 시앙 니 더 푸무 원하오]
다음에 또 만나요!	**下次再见吧!** [Xiàcì zàijiàn ba 시아츠 짜이지엔 바]
즐거운 주말 보내세요!	**祝您周末愉快!** [Zhù nín zhōumò yúkuài 쭈 닌 쩌어모 위쿠와이]
잘 자요!	**晚安!** [Wǎn'ān 완안]
정말 감사합니다!	**非常感谢!** [Fēicháng gǎnxiè 페이창 간시에]
별 말씀을요.	**没事儿。** [Méishìr 메이셜]
미안합니다.	**对不起。** [Duìbuqǐ 뚜이부치]
유감입니다.	**不好意思。** [Bùhǎoyìsi 뿌하오이쓰]
괜찮습니다.	**没关系。** [Méi guānxi 메이 꾸안시]

어휘 플러스

中国[zhōngguó 쭝구어]	중국
韩国[hánguó 한구어]	한국
日本[rìběn 르뻔]	일본
菲律宾[Fēilǜbīn 페이뤼삔]	필리핀
泰国[tàiguó 타이구어]	태국
伊朗[yīlǎng 이랑]	이란
越南[yuènán 위에난]	베트남
香港[xiānggǎng 시앙깡]	홍콩
马来西亚[mǎláixīyà 말라시야]	말레이시아
新加坡[xīnjiāpō 신지아포어]	싱가폴
伊拉克[yīlākè 이라크어]	이라크
印度[yìndù 인뚜]	인도
德国[déguó 더구어]	독일
英国[yīngguó 잉구어]	영국
美国[měiguó 메이구어]	미국
土耳其[tǔěrqí 투얼치]	터키
比利时[bǐlìshí 비리스]	벨기에
意大利[yìdàlì 이따리]	이탈리아
俄罗斯[éluósī 으어루어쓰]	러시아
西班牙[xībānyá 시빤야]	스페인
芬兰[fēnlán 펀란]	핀란드
澳大利亚[àodàlìyà 아오따리야]	호주
南非[nánfēi 난페이]	남아프리카
法国[fǎguó 파구어]	프랑스
埃及[āijí 아이지]	이집트
新西兰[xīnxīlán 신시란]	뉴질랜드
巴西[bāxī 빠시]	브라질
挪威[nuówēi 누어웨이]	노르웨이
加拿大[jiānádà 지아나따]	캐나다

중국이 궁금해

호칭

한국에서는 친구라는 의미가 중국과는 다소 차이점이 있다. 한국에서 의미하는 친구는 서로 나이가 비슷하면서 가깝게 오래 사귄 사람을 의미한다. 그렇지만 중국에서는 한국과 전혀 다른 의미로 사용하게 되는데 중국사람이 말하는 친구는 사회생활 중에 만나서 알게 된 모든 사람을 일컫는 말이 된다.
중국에서는 10년 차이까지는 그냥 친구처럼 이름에 어떤 호칭을 붙여서 부르지 않는다. 그런 이유로 중국어에 유일한 존댓말이라고 앞에서 설명한 您[nín]은 '당신'이라는 의미로 처음 만나는 사람이거나 윗사람에게 말할 때 쓸 수 있으며, 你[nǐ]는 '너'라는 의미로 친한 사이거나 같은 동년배일 경우 쓸 수 있다. 중국은 关系[guānxi] '관계'를 중요시 여기기 때문에 친구를 부를 때 사용하는 호칭도 여러 가지다. 한국에서는 단순히 나보다 나이가 많으면 부르는 호칭이 정해져 있다면 중국에서는 나와의 관계가 어떠냐에 따라서 부르는 호칭도 다양하다. 중국에서 꾸안시 즉, 관계는 작은 공동생활 집단으로 생각된다. 그 배경은 역사적으로 볼 수 있는데 수많은 전쟁을 통해서 목숨을 위협받는 상황을 겪어왔고, 그 과정 속에서 국가로부터 어떤 도움도 받지 못한 경험이 있기 때문에 공동으로 대처하기 위해서는 꾸안시라는 생활 집단을 만들어 오고 있는 것이다. 그들이 부르는 호칭에 따라 그들의 관계를 유추해볼 수 있는 것이다.

利安 왕씨, 만나서 반갑습니다.

王先生，认识您很高兴。

Wáng xiānsheng, rènshi nín hěn gāoxìng

왕 시엔셩, 런스 닌 헌 까오싱

王明 이씨를 알 수 있게 되어서 저도 영광입니다.

能认识李先生，我也很荣幸。

Néng rènshi Lǐ xiānsheng, wǒ yě hěn róngxìng

넌 런스 리 시엔셩, 워 이에 헌 롱싱

利安 이건 저의 명함입니다.

这是我的名片。

Zhè shì wǒ de míngpiàn

쩌 스 워 더 밍피엔

王明 감사합니다. 저도 명함 드릴게요.

谢谢，我也给您名片。

Xièxie, wǒ yě gěi nín míngpiàn

시에시에, 워 이에 게이 닌 밍피엔

利安 주로 어떤 일을 하시나요?

您主要负责什么?

Nín zhǔyào fùzé shénme

닌 주이야오 푸저 션머

王明 저는 주로 중국 시장을 담당하고 있습니다.

我主要负责中国市场。

Wǒ zhǔyào fùzé zhōngguó shìchǎng

워 주이야오 푸저 쭝구어 스창

利安

나중에 우리 자주 연락해요.

以后我们常联系吧。

Yǐhòu wǒmen cháng liánxì ba

이호우 워먼 창 리엔시 바

王明

좋습니다, 문제없습니다.

好啊，没问题。

Hǎo a, méi wèntí

하오 아, 메이 원티

认识[rènshi 런스] 알다, 인식하다

荣幸[róngxìng 롱싱] 영광스럽다

负责[fùzé 푸저] 책임지다

常[cháng 창] 자주

高兴[gāoxìng 까오싱] 기쁘다

名片[míngpiàn 밍피엔] 명함

市场[shìchǎng 스창] 시장

联系[liánxì 리엔시] 연락하다

생생 여행 *Tip*

• 비자

중국에 입국하려면 비자가 필요하다. 중국 비자는 관광 비자(L), 상용 비자(F), 유학 비자(X), 취업 비자(Z) 등 그 종류가 다양하다. 여행이 목적이라면 관광 비자(L)를 신청해야 하는데, 관광 비자도 여러 종류가 있으니 개인 사정에 맞게 선택하여 발급 받으면 된다.

❶ 비자번호

❷ 비자의 종류:
크게 'L(관광 및 방문), F(상용 및 단기유학), X(장기유학), Z(취업 및 취업자의 동반자)' 등으로 나눌 수 있다.

❸ 입국 가능한 시한, 즉 옆 비자로는 2012년 6월 28일까지 입국 가능하며, 입국일로부터 최대 30일('9'부분에 명시)까지 머물 수 있다.

❹ 대사관에서 비자를 찍은 날짜: 위 비자는 2012년 3월 28일

❺ 여권소지자의 성명 : 이름의 영문 첫 자와 성만 표시돼있다.

❻ 생년월일

❼ 여권번호

❽ 중국에 입국 가능한 횟수: '01', 즉 한 번만 들어가실 수 있다. (2번 들어갈 수 있는 비자는 '02', 제한 없이 계속 들어갈 수 있는 비자는 'M(多)'라고 체크되어 있다)

❾ 체류일 : 중국에 입국한 후 최대 30일까지 체류 가능

❿ 발급지 : 위 비자에 적힌 한자는 서울을 의미한다.

⓫ 풀네임, 여권번호, 성명, 성별이 다시 한 번 표시되어 있는 부분이다.

유용한
회화 표현

2-2.mp3

당신은 어떤 일을 하세요?

您做什么工作?
[Nín zuò shénme gōngzuò 닌 쭈어 션머 꽁쭈어]

당신은 직업이 무엇인가요?

您的职业是什么?
[Nín de zhíyè shì shénme 닌 더 즈이에 스 션머]

당신은 어떤 업종에서 일하시나요?

您在哪个行业工作?
[Nǐ zài nǎge hángyè gōngzuò 닌 짜이 나거 항이에 꽁쭈어]

저는 의사입니다.

我是医生。
[Wǒ shì yīshēng 워 스 이셩]

저는 대학생입니다.

我是大学生。
[Wǒ shì dàxuéshēng 워 스 따쉬에셩]

저는 회사원입니다.

我是上班族。
[Wǒ shì shàngbānzú 워 스 샹빤주]

저는 삼성에서 일합니다.

我在三星公司工作。
[Wǒ zài Sānxīng gōngsī gōngzuò 워 짜이 산싱 꽁쓰 꽁쭈어]

저분은 교수님입니다.

他是教授。
[Tā shì jiàoshòu 타 스 지아오쇼우]

저분은 간호사입니다.

她是护士。
[Tā shì hùshi 타 스 후스]

그는 선생님입니다.

他是老师。
[Tā shì lǎoshī 타 스 라오스]

그는 엔지니어입니다.

他是工程师。
[Tā shì gōngchéngshī 타 스 꽁청스]

그는 디자이너로 일합니다.

他是设计师。
[Tā shì shèjìshī 타 스 셔지스]

어휘 플러스

秘书[mìshū 미슈]	비서
记者[jìzhě 지져]	기자
编辑[biānjí 삐엔지]	편집자
翻译家[fānyìjiā 판이지아]	번역가
公务员[gōngwùyuán 꽁우위엔]	공무원
军人[jūnrén 쥔런]	군인
司机[sījī 쓰지]	운전기사
建筑师[jiànzhùshī 지엔쭈스]	건축가
工程师[gōngchéngshī 꽁청스]	엔지니어
警卫[jǐngwèi 징웨이]	경비원
厨师[chúshī 추스]	요리사
商人[shāngrén 샹런]	상인
老师[lǎoshī 라오스]	선생님
教授[jiàoshòu 지아오쇼우]	교수
演员[yǎnyuán 이엔위엔]	배우
导演[dǎoyǎn 따오이엔]	감독
歌手[gēshǒu 꺼쇼우]	가수
明星[míngxīng 밍싱]	연예인
画家[huàjiā 화지아]	화가
作家[zuòjiā 쭈어지아]	작가
运动员[yùndòngyuán 윈똥위엔]	운동선수
会计[kuàijì 쿠와이지]	회계사
医生[yīshēng 이셩]	의사
摄影师[shèyǐngshī 셔잉스]	촬영기사
导游[dǎoyóu 따오여우]	여행가이드
音乐家[yīnyuèjiā 인위에지아]	음악가
律师[lǜshī 뤼스]	변호사
服务员[fúwùyuán 푸우위엔]	종업원

중국이 궁금해

중국에서 꾸안시의 의미

중국인과 비즈니스를 할 때 가장 중요한 것이 꾸안시(관계)라는 것을 우리는 알고 있다. 한국에서는 '밥그릇'이라는 단어를 이야기할 때 일반적으로 '나이'라는 권위를 세울 때 많이 쓰지만 중국에서 '밥그릇'이라는 단어는 상대방과 같이 먹은 밥그릇 수가 얼마나 많은지를 의미하게 된다. 처음에는 단둘이 밥을 먹지만 몇 번 식사를 하면서 같이 밥 먹는 사람이 늘어나게 되는데 그것이 바로 꾸안시가 개선이 되었다는 것을 의미하게 된다.

중국 속담 중에 '말의 힘을 알려면 멀리 가봐야 하고, 사람의 마음을 알려면 오래 만나봐야 안다'라는 말이 있듯이 중국 사람이 어떤 일을 결정하는 데는 시간이 오래 걸린다. 그들과의 꾸안시도 마찬가지라고 할 수 있다. 중국 사람이 찾고 있는 꾸안시는 내가 가지지 못한 능력을 갖춘 사람이다.

어찌 보면 매우 실속적이라고 생각할 수 있는데 결국은 꾸안시라는 것은 서로 도움이 될 수 있는 부분이 있다고 생각할 때 친구가 되고, 꾸안시가 형성되는 것이다. 그래서 중국인과 꾸안시를 맺을 때 중국인의 사고방식으로 생각을 할 필요가 있는 것이다.

주말 계획 묻기

利安

안녕하세요, 요즘 어떻게 지내세요?

你好，最近过得怎么样？

Nǐ hǎo, zuìjìn guò de zěnmeyàng

니 하오, 쭈이진 꾸어 더 쩐머이양

惠英

안녕하세요, 저는 잘 지내요, 당신은요?

你好，过得还好，你呢？

Nǐ hǎo, guò de hái hǎo, nǐ ne

니 하오, 꾸어 더 하이 하오, 니 너

利安

아주 잘 지냅니다. 고마워요, 주말에 보통 뭐하세요?

我过得很好，谢谢，周末你一般做什么？

Wǒ guò de hěn hǎo, xièxie, zhōumò nǐ yìbān zuò shénme

워 꾸어 더 헌 하오, 시에시에, 쪼우모 니 이빤 쭈어 션머

惠英

보통 친구들 만나거나 영화 봐요. 당신은요?

一般和朋友在一起或者看电影，你呢？

Yìbān hé péngyou zài yìqǐ huòzhě kàn diànyǐng, nǐ ne

이빤 흐어 펑여우 짜이 이치 후어져 칸 띠엔잉, 니 너

利安

저는 뭐 특별한 일 없이 집에서 쉬어요.

我没有特别的事就在家休息。

Wǒ méiyou tèbié de shì jiù zài jiā xiūxi

워 메이여우 트어비에 더 스 지우 짜이 지아 시우시

惠英

아! 그렇군요. 언제 시간되면 같이 식사해요.

啊！是吗，有时间我们一起吃饭吧。

À shì ma, yǒu shíjiān wǒmen yìqǐ chī ba

아, 스 마, 여우 스지엔 워먼 이치 츠 바

利安 좋지요, 언제 식사할까요?

好啊, 什么时候呢？

Hǎo a, shénmeshíhou ne

하오 아, 션머스호우 너

惠英 다음 주 토요일 점심 어떠세요?

下周六中午怎么样？

Xià zhōuliù zhōngwǔ zěnmeyàng

시아 쪼우리우 쭝우 쩐머이양

利安 전 언제든지 가능합니다. 당신이 정하세요.

我什么时候都可以, 你来定吧。

Wǒ shénmeshíhou dōu kěyǐ, nǐ lái dìng ba

워 션머스호우 또우 커이, 니 라이 띵 바

最近[zuìjìn 쭈이진] 최근
周末[zhōumò 쪼우모] 주말
一般[yìbān 이빤] 보통
特别[tèbié 트어비에] 특히
休息[xiūxi 시우시] 휴식하다
时间[shíjiān 스지엔] 시간
中午[zhōngwǔ 쭝우] 점심
一起[yìqǐ 이치] 함께
定[dìng 띵] 정하다
什么时候[shénmeshíhou 션머스호우] 언제

생생 여행

Tip

• 비자의 종류

자신의 여행 방법에 따라 비자를 발급 받을 수 있기 때문에 어떤 종류의 비자가 있는지 잘 확인해야 한다. 관광비자 종류에는 단수 30일, 단수 90일, 더블 30일, 복수 30일이 있다. 단수는 입국차수가 1회성이고 더블은 2회, 복수는 입국횟수에 따라 제한이 없는 비자이다. 단수 30일과 단수 90일 비자 유효기간은 신청일로부터 3개월 이내에 중국으로 입국하고, 체류기간을 각각 30일, 90일 가능하다는 것을 의미한다. 중국단수비자는 그 효력이 한 번 밖에 되지 않기 때문에 중간에 다시 한국으로 돌아오게 되면 효력을 잃게 된다.

더블 30일 비자 유효기간은 신청일로 부터 6개월 동안 2회 입국 사용이 되며, 한 번 입국시마다 30일까지 체류가 된다. 중국비자종류 중 복수 비자 유효기간은 신청일로부터 1년이고, 그 기간 동안 입국 횟수에 제한이 없으며 1회 입국 시 마다 30일까지 체류가 된다.

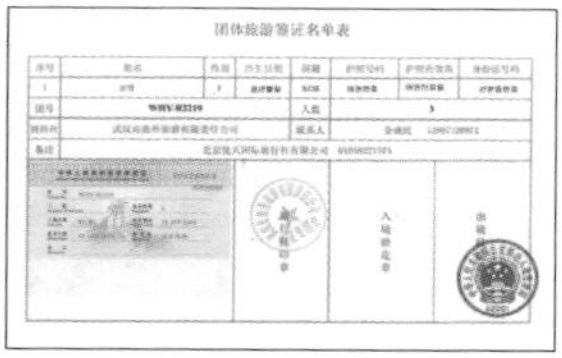

별지 비자는 2인 이상 동일한 일정으로 중국에 방문하시는 사람들이 받으실 수 있는 단체 비자이다. 별지 비자를 발급받은 일행은 모두 동일한 편명의 항공편을 이용하여야 하고, 중국에 입국해서 동일한 숙소에서 숙박하셔야만 신청이 가능하다. 별지 비자는 비자 신청일로부터 14일 이내에 중국에 입국해야 하는 규정이 있고, 신청일로부터 28일 이내에 중국에서 나와야 하는 규정이 있다. 별지 비자는 A4용지에 발급되는 종이 비자이고, 첫 장에는 별지 비자를 신청한 대표자의 여권 정보가 들어가고 그 밑으로는 비자 정보가 들어가게 된다. 비자 정보에는 비자 타입, 인원수, 중국에 입국해야 하는 날짜, 비자 발급일, 중국에서 나와야 하는 날짜 등이 적혀져 있다. 두 번째 장에는 함께 가는 일행의 여권 정보가 들어간다.

유용한 회화 표현

3-2.mp3

베이징 날씨는 어때요?	**北京的天气怎么样?** [Běijīng de tiānqì zěnmeyàng 뻬이징 더 티엔치 쩐머이양]
서울과 비슷해요.	**跟首尔差不多。** [Gēn Shǒuěr chàbuduō 껀 쇼우얼 차부뚜어]
한국의 여름 날씨는 어떤가요?	**韩国夏天的天气怎么样?** [Hánguó xiàtiān de tiānqì zěnmeyàng 한구어 시아티엔 더 티엔치 쩐머이양]
너무 더워서 참을 수가 없어요.	**热得让我受不了。** [Rè de ràng wǒ shòubuliǎo 르어 더 랑 워 쇼우뿌리아오]
저는 가을을 좋아합니다.	**我喜欢秋天。** [Wǒ xǐhuan qiūtiān 워 시후안 치우티엔]
저는 맑은 날을 좋아합니다.	**我喜欢晴天。** [Wǒ xǐhuan qíngtiān 워 시후안 칭티엔]
저는 주말에 보통 공원에서 산책해요	**我一般周末去公园散步。** [Wǒ yìbān zhōumò qù gōngyuán sànbù 워 이빤 쪼우모 취 꽁위엔 싼뿌]
저는 주말마다 근교로 등산을 가요.	**我每周末都去近郊爬山。** [Wǒ měi zhōumò dōu qù jìnjiāo páshān 워 메이 쪼우모 또우 취 진지아오 파샨]
전 주말에 특별한 계획이 없어요.	**我周末没有什么特别的计划。** [Wǒ zhōumò méiyou shénme tèbié de jìhuà 워 쪼우모 메이여우 션머 트어비에 더 지화]
토요일 저녁 7시에 만날까요?	**星期六晚上七点见面, 好吗?** [Xīngqīliù wǎnshang qī diǎn jiànmiàn, hǎo ma 싱치리우 완샹 치 디엔 지엔미엔, 하오 마]
죄송한데 그날은 제가 시간이 안돼요.	**不好意思, 那时候, 我没有时间。** [Bùhǎoyìsi, nà shíhou, wǒ méiyou shíjiān 뿌하오이쓰, 나 스호우, 워 메이여우 스지엔]

어휘 플러스

春天[chūntiān 춘티엔]	봄
夏天[xiàtiān 시아티엔]	여름
秋天[qiūtiān 치우티엔]	가을
冬天[dōngtiān 똥티엔]	겨울
季节[jìjié 지지에]	계절
四季[sìjì 쓰지]	사계절
天气[tiānqì 티엔치]	날씨
气温[qìwēn 치원]	기온
沙尘暴 [shāchénbào 샤천빠오]	황사바람
暖和[nuǎnhuo 누안후어]	따뜻하다
热[rè 르어]	덥다
冷[lěng 렁]	춥다
凉快[liángkuai 리아쿠와이]	시원하다
降水量 [jiàngshuǐliàng 지앙슈리앙]	강수량
下雨[xiàyǔ 시아위]	비가 내리다
刮风[guāfēng 꾸아펑]	바람이 불다
台风[táifēng 타이펑]	태풍

下雪[xiàxuě 시아쉬에]	눈이 내리다
晴天[qíngtiān 칭티엔]	맑은 날
阴天[yīntiān 인티엔]	흐린 날
今天[jīntiān 진티엔]	오늘
昨天[zuótiān 쭈어티엔]	어제
前天[qiántiān 치엔티엔]	그저께
明天[míngtiān 밍티엔]	내일
后天[hòutiān 호우티엔]	내일모레
今年[jīnnián 진니엔]	올해
去年[qùnián 취니엔]	작년
前年[qiánnián 치엔니엔]	재작년
明年[míngnián 밍니엔]	내년
后年[hòunián 호우니엔]	후년
早上[zǎoshang 짜오샹]	아침
上午[shàngwǔ 샹우]	오전
中午[zhōngwǔ 쫑우]	점심
下午[xiàwǔ 시아우]	오후
晚上[wǎnshang 완샹]	저녁

중국이 궁금해

중국어의 해음현상

해음(谐音)이란 중국어에서 글자나 단어의 발음이 서로 같거나 비슷한 경우를 이르는 언어 현상을 말하는 것이다.

다시 말하면 A와 B의 다른 두 글자가 발음이 같거나 비슷하여 A를 이야기하면 B가 떠오르거나 B를 이야기하면 A가 연상되는 현상이다.

이렇게 해음의 글자를 바꿔서 행복과 상서로움을 추구하고 언어적 금기를 피하는 동시에 완곡한 표현을 추구하는 언어숭배 습관이 발전하면서 이를 통틀어 중국의 독특한 해음 문화로 부르는 것이다.

중국에서 결혼할 때 신혼부부에게 红枣(대추), 花生(땅콩), 桂圆(용안), 莲子(연밥)을 준다. 이 네 가지를 연결하면 早生贵子(일찍 아들을 낳아라)와 동음어이다. 연밥과 땅콩을 주기도 하는데 连生子(연달아 아들을 낳아라)와 동음어이기 때문이고, 대추와 밤을 주는데 早立子(일찍 아들을 낳아라)와 동음어이기 때문이다. 또한 결혼할 때 신부는 瓜(오이) 먹는 것을 금기시 하는데 寡(과부)와 동음어이기 때문이다.

또한 결혼할 때 선물을 해서는 안 되는 것이 있다. 伞(우산)과 钟(시계)를 선물하는 것을 금기시 하고 있다. 그 이유는 伞은 헤어지다는 의미인 散과 送钟(시계를 선물하다)는 送终(죽은 이를 보내다)와 동음어이기 때문이다.

취미 묻기

惠英	취미가 어떻게 되시나요? **您有什么爱好？** Nín yǒu shénme àihào 닌 여우 션머 아이하오
利安	저의 취미는 음악듣기입니다. **我的爱好是听音乐。** Wǒ de àihào shì tīng yīnyuè 워 더 아이하오 스 팅 인위에
惠英	그래요? 저도 음악 듣는 것을 좋아해요. **是吗？我也喜欢听音乐。** Shì ma　　wǒ yě xǐhuan tīng yīnyuè 스 마?　　워 이에 시후안 팅 인위에
利安	어떤 종류의 음악을 좋아하세요? **您喜欢哪一类音乐？** Nín xǐhuan nǎ yí lèi yīnyuè 닌 시후안 나 이 레이 인위에
惠英	저는 클래식을 좋아합니다. **我喜欢古典音乐。** Wǒ xǐhuan gǔdiǎn yīnyuè 워 시후안 구디엔 인위에
利安	그래요? 혹시 자전거 타는 것도 좋아하시나요? **是吗? 那您喜欢骑自行车吗？** Shì ma　　nà nín xǐhuan qí zìxíngchē ma 스 마?　　나 닌 시후안 치 쯔싱쳐 마?

惠英 그럼요, 자전거 잘 타세요?

当然喜欢，您骑得好吗？

Dāngrán xǐhuan, nín qí de hǎo ma

땅란 시후안, 닌 치 더 하오 마

利安 사실 저 잘 못 타요, 저 가르쳐 줄 수 있어요?

其实我骑得不太好，能教教我吗？

Qíshí wǒ qí de bútài hǎo, néng jiāojiao wǒ ma

치스 워 치 더 부타이 하오, 넝 지아오지아오 워 마

惠英 원한다면 가르쳐 줄 수 있어요.

您需要的话，我可以教。

Nín xūyào de huà, wǒ kěyǐ jiāo

닌 쉬이야오 더 화, 워 커이 지아오

爱好[àihào 아이하오] 취미

音乐[yīnyuè 인위에] 음악

骑[qí 치] 타다

当然[dāngrán 땅란] 당연하다

教[jiāo 지아오] 가르치다

听[tīng 팅] 듣다

古典[gǔdiǎn 구디엔] 클랙식

自行车[zìxíngchē 쯔싱처] 자전거

其实[qíshí 치스] 사실

需要[xūyào 쉬이야오] 필요하다

생생 여행 *Tip*

• 중국의 카톡 웨이신(微信)

한국에서 주요 결제 수단이 카드라고 하다면 중국은 모바일로 모든 것을 결제할 수 있다. 위챗페이와 알리페이가 중국 모바일 결제시장을 양분하고 있다. 위챗페이를 쓰기 위해서는 중국의 은행 중에서 계좌가 있어야 하고, 외국인 여권 등록이 되는 은행만 가능하다. 공상은행, 건설은행 같은 대형은행들은 위챗에서 외국인의 여권번호로 등록할 수 있다.

그러면 중국은행 계좌개설을 위한 준비물은 무엇일까? 최근에 계좌개설을 위한 절차가 강화가 되어 관광객의 경우는 계좌를 만드는데 문제가 있다.

1 중국 전화번호: 은행의 모든 메시지 수신과 인증을 위한 중국 전화번호가 필수
2 여권
3 6개월 이상 장기비자: 유학생이나 취업하신 분들이 해당

유용한
회화 표현

4-2.mp3

저는 요리하는 것을 좋아합니다.	**我喜欢做菜。** [Wǒ xǐhuan zuòcài 워 시후안 쭈어차이]
보통 여가 시간에 무엇을 하시나요?	**你业余时间一般做什么？** [Nǐ yèyú shíjiān yìbān zuò shénme 니 이에위 스지엔 이빤 쭈어 션머]
저는 서점에 가서 책보는 것을 좋아합니다.	**我喜欢去书店看书。** [Wǒ xǐhuan qù shūdiàn kàn shū 워 시후안 취 슈디엔 칸 슈]
저는 친구들과 커피마시면서 이야기해요.	**我和朋友们喝咖啡聊天儿。** [Wǒ hé péngyoumen hē kāfēi liáotiānr 워 흐어 펑여우먼 흐어 카페이 리아오티얼]
저는 주말에 외국어 공부를 해요.	**我周末学习外语。** [Wǒ zhōumò xuéxí wàiyǔ 워 쪼어모 쉬에시 와이위]
저는 취미가 없어요.	**我没有爱好。** [Wǒ méiyou àihào 워 메이여우 아이하오]
저는 휴식과 혼자 있을 시간이 필요해요.	**我很需要休息和独处。** [Wǒ hěn xūyào xiūxi hé dúchǔ 워 헌 쉬이야오 시우시 흐어 두츄]
평소에 업무스트레스가 많아요.	**平时工作压力比较大。** [Píngshí gōngzuò yālì bǐjiào dà 핑스 꽁쭈어 야리 비지아오 따]
스트레스는 건강에 좋지 않습니다.	**压力不利于健康。** [Yālì bú lìyú jiànkāng 야리 부 리위 지엔캉]
스트레스는 어떻게 푸세요?	**您怎么缓解压力？** [Nín zěnme huǎnjiě yālì 닌 쩐머 후안지에 야리]

어휘 플러스

看书[kànshū 칸슈]	책을 보다
做菜[zuòcài 쭈어차이]	요리하다
运动[yùndòng 윈똥]	운동하다
打篮球[dǎ lánqiú 따 란치우]	농구를 하다
打棒球[dǎ bàngqiú 따 빵치우]	야구를 하다
打网球[dǎ wǎngqiú 따 왕치우]	테니스를 하다
打排球[dǎ páiqiú 따 파이치우]	배구를 하다
打保龄球[dǎ bǎolíngqiú 따 빠오링치우]	볼링을 하다
打羽毛球[dǎ yǔmáoqiú 따 위마오치우]	배드민턴을 하다
打高尔夫球[dǎ gāoěrfūqiú 따 까오얼푸치우]	골프치다
打乒乓球[dǎ pīngpāngqiú 따 핑팡치우]	탁구를 치다
踢足球[tī zúqiú 티 주치우]	축구하다
游泳[yóuyǒng 여우용]	수영하다
滑雪[huáxuě 화쉬에]	스키타다
跑步[pǎobù 파오뿌]	조깅하다
爬山[páshān 파샨]	등산하다
骑自行车[qí zìxíngchē 치 쯔싱쳐]	자전거 타다
看电视[kàn diànshì 칸 띠엔스]	티비를 보다
看电影[kàn diànyǐng 칸 띠엔잉]	영화를 보다
看杂志[kàn zázhì 칸 자즈]	잡지를 보다
上网[shàngwǎng 샹왕]	인터넷하다
玩儿电脑[wánr diànnǎo 왈 띠엔나오]	컴퓨터를 하다
玩儿游戏[wánr yóuxì 왈 여우시]	게임을 하다
听音乐[tīng yīnyuè 팅 인위에]	음악을 듣다
唱歌[chànggē 챵꺼]	노래하다
跳舞[tiàowǔ 티아오우]	춤추다
旅游[lǚyóu 뤼여우]	여행하다

중국이 궁금해

중국인들의 외래어 만들기

중국인들은 외국어를 완전한 자기 나라 언어로 만드는 데 귀재인 듯 하다. 물론 한자가 표의문자이기 때문에 음을 빌리는 동시에 뜻도 알맞게 붙일 수 있다는 장점이 있기는 하지만 그 이름 붙이기 아이디어는 이미 많은 세계인을 감탄하게 하고 있다. 우선 가장 유명한 코카콜라부터 보자. 可口可乐(커커우커러) 입맛이 좋아서 즐겁다는 뜻을 담고 있다. 한글은 소리글자이기 때문에 '코카콜라'라는 소리를 내게 하는 기능에서 끝나고 이 단어에 더 이상의 뜻을 담을 수가 없었지만 중국인들은 마치 제품명에 광고 카피를 담고 이름 자체로 판촉 활동을 하는 것 같다.

- 펩시콜라 – 百事可乐(바이써커러: 백 가지 일이 다 즐겁다)
- 스트라이프 – 雪碧(슈에삐: 희다 못해 푸른기가 도는 맑고 시원함)
- 까르푸 – 家乐福(쟈르푸: 가정에 즐거움과 복이 온다)
- 카메라로 유명한 미놀타 – 万能达(완능다: 모든 걸 다 이룰 수 있다)
- 시바스 리갈 – 芝華士(즈화스: 고상하고 품위있는 남자)
- 말보로 – 万宝路(완바오루: 만 가지 보물길)
- 핫라인 – 热线电话(러시엔띠엔화)

보이는 바와 같이 중국인들이 외래어 만드는 방법에는 여러 가지가 있다. 우선 음을 빌고 해당 물건의 특색을 최대한 담은 글자로 구성하는 방법과 아예 외국어의 뜻을 번역하여 한자로 만드는 방법이 있다. 肯德基(KFC), 발음은 [컨더지]이다. 맨 끝의 '지'의 발음이 닭을 뜻하는 鸡자의 발음과 같다. '긍정하다'의 뜻을 가진 '肯'자와 '덕망'의 뜻인 '德'자, '기초, 바탕'의 뜻을 가진 '基'자로 만들어진 단어로 뜻은 좋지만 닭과는 상관없는 글자들이다. 그러나 중국인이면 누가 들어도 닭으로 만들어진 음식임을 알 수 있다. 발음이 닭의 뜻을 가진 '지'로 끝나기 때문이다.

2

공항

비행기 체크인 하기

좌석변경 요청하기

입국심사 받기

분실한 물건 찾기

服务员

안녕하세요? 무엇을 도와드릴까요?

您好，您需要什么帮助？

Nín hǎo, nín xūyào shénme bāngzhù

닌 하오, 닌 쉬이야오 션머 빵쭈

利安

안녕하세요, 오늘 중국 베이징행 체크인을 하고 싶습니다.

你好，今天去中国北京，要办登机手续。

Nǐ hǎo, jīntiān qù Zhōngguó Běijīng, yào bàn dēngjī shǒuxù

니 하오, 진티엔 취 쭝구어 뻬이징, 이야오 빤 떵지 쇼우쉬

服务员

알겠습니다, 여권을 보여주시겠어요?

好的，请出示您的护照好吗？

Hǎo de, qǐng chūshì nín de hùzhào hǎo ma

하오 더, 칭 추스 닌 더 후짜오 하오 마

利安

여기 있습니다.

给您。

Gěi nín

게이 닌

服务员

부치실 수화물이 있나요?

有要邮寄的行李吗？

Yǒu yào yóujì de xíngli ma

여우 이야오 여우지 더 싱리 마

利安

네, 캐리어 한 개와 배낭 한 개가 있습니다.

有，一个行李箱和一个背包。

Yǒu, yí ge xínglixiāng hé yí ge bèibāo

여우, 이 거 싱리시앙 흐어 이거 뻬이빠오

服务员

알겠습니다, 캐리어와 배낭을 저울 위에 올려주세요.

好的，请把行李箱和背包放在秤上。

Hǎo de, qǐng bǎ xínglixiāng hé bèibāo fàng zài chèng shàng

하오 더, 칭 바 싱리시앙 흐어 뻬이빠오 팡 짜이 청 샹

利安

네, 알겠습니다.

好，知道了。

Hǎo, zhīdào le

하오, 즈따오 러

服务员

배낭이 너무 무겁네요, 초과비용이 있습니다.

背包太重，有超重费用。

Bèibāo tài zhòng, yǒu chāozhòng fèiyòng

뻬이빠오 타이 쭝, 여우 차오쭝 페이용

利安

그래요? 얼마에요?

是吗？是多少？

Shì ma shì duōshao

스 마? 스 뚜어샤오

服务员

잠시만요, 확인 좀 할게요.

请稍等，我给您看一下。

Qǐng shāo děng, wǒ gěi nín kàn yíxià

칭 샤오 덩, 워 게이 닌 칸 이시아

帮助[bāngzhù 빵쭈] 돕다

行李箱[xínglixiāng 싱리시앙] 캐리어

超重[chāozhòng 차오쭝] 중량을 초과하다

登机手续[dēngjī shǒuxù 떵지 쇼우쉬] 탑승수속

背包[bèibāo 뻬이빠오] 배낭

• 중국에서 인터넷 사용하기

중국에서 인터넷을 사용할 수 있는 경우의 수는 세 가지로 정리할 수 있다.
첫 번째로 한국에 있는 공항 각 통신사의 로밍 센터에서 신청을 할 수 있다. 각 통신사에 따라 금액이 정해져 있기 때문에 잘 알아보고 선택을 해야 한다. 두 번째 방법으로는 포켓와이파이를 사용하는 경우가 있다.

출발하기 전에 미리 포켓와이파이를 예약 신청하면 공항에서 수령하여 사용할 수 있는데 장점으로는 카카오톡이라든가 인터넷이 원활히 되지만 단점으로는 무게가 있으며 수시로 배터리도 충전을 해줘야 한다. 신청을 할 때는 VPN 기능이 있는 것을 대여해야 중국에서 구글, 카카오톡, 인스타그램 등 우리가 사용하는 어플을 사용할 수 있다.

마지막으로 중국에서 유심카드를 구입해서 사용하는 방법이다. 한국에서 미리 구입해서 사용하는 방법과 중국에 도착해서 구입을 하는 경우가 있기 때문에 여행일자와 데이터 사용량을 고려하여 구입을 하면 된다. 국내에서 미리 VPN어플을 깔고 가야 중국에서 구글, 카카오톡, 인스타그램 등 우리가 사용하는 어플을 사용할 수 있다.

유용한 회화 표현

5-2.mp3

중국동방항공 창구가 어디에 있나요?	**中国东方航空窗口在哪儿？** [Zhōngguó dōngfāng hángkōng chuāngkǒu zài nǎr 쭝구어 똥팡 항콩 추앙코우 짜이 날]
터미널2의 E구역이 어디인가요?	**2号航站E区在哪儿？** [Èr hào hángzhàn E qū zài nǎr 얼 하오 항짠 이 취 짜이 날]
여권을 보여주세요.	**请出示您的护照。** [Qǐng chūshì nín de hùzhào 칭 추스 닌 더 후짜오]
여기 있습니다.	**在这。** [Zài zhè 짜이 쩌]
E-Ticket을 갖고 계신가요?	**您持有E-Ticket吗？** [Nín chíyǒu E-Ticket ma 닌 츠여우 이티켓 마
몇 개의 수화물이 있나요?	**有几个行李？** [Yǒu jǐ ge xíngli 여우 지 거 싱리]
한 개의 배낭만 비행기 안으로 가지고 가실 수 있습니다.	**您只可以带一个背包上飞机。** [Nín zhǐ kěyǐ dài yí ge bèibāo shàng fēijī 닌 즈 커이 따이 이 거 뻬이빠오 샹 페이지]
잠시만 기다려주세요.	**请稍等。** [Qǐng shāo děng 칭 샤오 덩]
혹시 반입하면 안되는 물품이 있나요?	**是否有不能携带的物品？** [Shìfǒu yǒu bùnéng xiédài de wùpǐn 스포우 여우 뿌넝 시에따이 더 우핀]
혹시 다른 문의사항이 있나요?	**您还有其他疑问吗？** [Nín háiyǒu qítā yíwèn ma 닌 하이여우 치타 이원 마]
창가자리로 바꿀 수 있을까요?	**我可以换靠窗的座位吗？** [Wǒ kěyǐ huàn kào chuāng de zuòwèi ma 워 커이 후안 카오 추앙 더 쭈어웨이 마]
복도자리로 바꿀 수 있을까요?	**我可以换靠过道的座位吗？** [Wǒ kěyǐ huàn kào guòdào de zuòwèi ma 워 커이 후안 카오 꾸어따오 더 쭈어웨이 마]

어휘 플러스

飞机[fēijī 페이지]	비행기
火车[huǒchē 후어쳐]	기차
地铁[dìtiě 띠티에]	지하철
出租车[chūzūchē 츄주쳐]	택시
公交车[gōngjiāochē 꽁지아오쳐]	버스
船[chuán 츄안]	배
机场[jīchǎng 지창]	공항
高铁[gāotiě 까오티에]	고속철도
航班[hángbān 항빤]	항공편
乘务员[chéngwùyuán 청우위엔]	승무원
座位[zuòwèi 쭈어웨이]	좌석
窗户[chuānghu 츄앙후]	창문
走廊[zǒuláng 쪼우랑]	복도
飞行时间[fēiháng shíjiān 페이항 스지엔]	비행시간
目的地[mùdìdì 무띠띠]	목적지
温度[wēndù 원뚜]	온도
乘客[chéngkè 청커]	탑승객
自助[zìzhù 쯔쥬]	셀프서비스

중국이 궁금해

중국 항공사

중국동방항공(中国东方航空公司)

1995년 4월 정식 설립된 중국 3대 민용 항공사 중 하나이다. 중국동방항공의 로고는 제비이고 제비는 예로부터 동양에서 길조(吉鳥)로 불려왔다. 1997년 홍콩, 뉴욕, 상해 3대 증시에 동시 상장을 성공했고, 2016년 기준 중대형 항공기 510대를 보유하고, 177개국 1052 도시에 취항하고 있다.

중국국제항공(中国国际航空公司)

1998년 7월에 설립이 되었고, 중국 국제항공 주식회사를 기원으로 하는 에어차이나는 우리나라의 아시아나와 함께 세계 최대 항공사 네트워크인 스타 얼라이언스 회원 항공사이다.

로고는 봉황인데 행운을 가져오는 봉황의 간결한 자태를 보여줄 뿐만 아니라 영문 VIP의 예술적 형상이기도 하다. 승객에게 쾌적하고 행복한 여행 경험을 제공한다는 메세지를 확인할 수 있습니다. 본사는 베이징에 있으며, 66개 국제도시 및 115개 국내도시를 포함하여 39개 국가와 지역의 184개 도시에 국제선 106개 노선, 지역노선 15개와 국내선 287개 등 총 408개 노선을 운항을 하였고, 이후에 1,307개 목적지로 확대되었다.

중국남방항공(中国南方航空公司)

1988년 설립이 되었고, 항공기와 수송객 기준으로 아시아 최대 항공사이고, 수송객 기준으로 세계 3위의 항공사이다. 본사는 광저우에 있으며 허브공항은 광저우 바이윈 국제공항과 베이징 서우두 국제공항이다. 중국남방항공의 로고는 빨강색 목련화인데, 푸른 창공에 빨간 목면화가 활짝 핀 것처럼 승객 한 분 한 분에게 밝고 환한 미소로 서비스하겠다는 뜻이 담겨있다. 전 세계 40여 곳의 국가 및 지역의 208개의 취항지를 매일 2,000여대, 총 30만 개 좌석의 항공편을 운항하고 있다.

좌석변경 요청하기

利安

제가 오늘 상하이로 여행하는데 좌석을 변경하고 싶습니다.

今天我去上海旅行，想调换座位。

Jīntiān wǒ qù Shànghǎi lǚxíng, xiǎng diàohuàn zuòwèi

진티엔 워 취 샹하이 뤼싱, 시앙 띠아오후안 쭈어웨이

服务员

이미 체크인 하셨나요?

登机手续已经办过了吗？

Dēngjī shǒuxù yǐjīng bànguo le ma

떵지 쇼우쉬 이징 빤꾸어 러 마

利安

아니요, 아직 하지 않았습니다.

没有，还没有办理。

Méiyou, hái méiyou bànlǐ

메이여우, 하이 메이여우 빤리

服务员

그럼 좌석을 변경하실 수 있습니다.

那就可以调换座位。

Nà jiù kěyǐ diàohuàn zuòwèi

나 지우 커이 띠아오후안 쭈어웨이

利安

비상구 옆에 빈 좌석이 있나요?

安全出口旁边有空座吗？

Ānquán chūkǒu pángbiān yǒu kōngzuò ma

안취엔 추코우 팡비엔 여우 콩쭈어 마

服务员

아니요, 그곳은 예약이 끝났습니다.

没有了，那个位置已经被预约了。

Méiyou le, nàge wèizhì yǐjīng bèi yùyuē le

메이여우 러, 나거 웨이즈 이징 뻬이 위위에 러

利安 그러면 일반 좌석 중 복도 좌석을 원합니다.

那我就要普通舱靠过道的座位吧。

Nà wǒ jiù yào pǔtōngcāng kào guòdào de zuòwèi ba

나 워 지우 이야오 푸통창 카오 꾸어따오 더 쭈어웨이 바

服务员 당신의 좌석은 17F입니다.

14시까지 터미널2의 29번 게이트 앞으로 오셔야 합니다.

您的座位是17F,

Nín de zuòwèi shì shíqī F,

닌 더 쭈어웨이 스 스치 에프

请在14点前到2号航站29号登机口。

qǐng zài xiàwǔ liǎng diǎn qián dào èr hào hángzhàn èrshíjiǔ hào dēngjīkǒu

칭 짜이 시아우 리앙 디엔 치엔 따오 얼 하오 항짠 얼스지우 하오 떵지코우

利安 보딩은 언제인가요?

几点登机?

Jǐ diǎn dēngjī

지 디엔 떵지

服务员 14시10분입니다.

下午2点10分。

Xiàwǔ liǎng diǎn shí fēn

시아우 리앙 디엔 스 펀

办理[bànlǐ 빤리] 처리하다

预约[yùyuē 위위에] 예약하다

普通舱[pǔtōngcāng 푸통창] 이코노미 클래스

安全出口[Ānquán chūkǒu 안취엔추코우] 비상구

• 공항에서 시내 가는 방법

공항에서 베이징 시내로 가는 방법은 세 가지 방법이 있다.

첫 번째로 공항버스를 이용하는 방법이다. 제2터미널 11번 출구, 제3터미널 7번 출구로 나오면 공항버스 승차장이 보인다. 여행자들이 선호하는 방법이긴 하지만 시내로 진입하면 차가 막히는 경우가 자주 있는 것이 단점이다.

두 번째로는 에어포트 익스프레스는 시내로 가는 가장 빠르게 진입할 수 있는 교통수단으로 제3터미널 종점인 동즈먼(东直门)역까지 25분이면 도착한다. 베이징은 지하철이 잘 갖추어져 있기 때문에 편리하게 이용할 수 있다. 종착역인 동즈먼(东直门)에서는 지하철 2호선과 13호선 노선이 연결이 된다. 이용 금액은 RMB25元이다.

세 번째로는 택시로 이용하는 방법이다. 택시 정류장 옆에 적혀있는 목적지별 요금을 확인하고 탑승하고 기사와 재차 확인을 해야 불미스러운 일이 발생하지 않는다. 공항 고속도로 이용료 RMB20元은 승객이 지불해야 한다. 택시로 이용하는 경우 차가 막히는 경우가 있는데 이 부분도 감안해야 한다. 보통 금액은 공항에서 동즈먼(东直门)까지 RMB100元 정도 나온다. 가장 경제적인 방법은 두 번째로 에어포트 익스프레스는 시내로 가는 방법을 추천할 수 있다.

유용한 회화 표현

6-2.mp3

좌석을 예약하셨나요?	**您预订座位了吗？** [Nín yùdìng zuòwèi le ma 닌 위띵 쭈어웨이 러 마]
좌석을 예약하고 싶습니다.	**我想预订座位。** [Wǒ xiǎng yùdìng zuòwèi 워 시앙 위띵 쭈어웨이]
좌석을 변경하고 싶습니다.	**我想调换座位。** [Wǒ xiǎng diàohuàn zuòwèi 워시앙 띠아오후안 쭈어웨이]
창가 좌석인가요, 복도 좌석인가요?	**是靠窗座位还是靠过道的呢？** [Shì kào chuāng zuòwèi háishi kào guòdào de ne 스 카오 추앙 쭈어웨이 하이스 카오 꾸어따오 더 너]
앞 쪽 좌석으로 바꿀 수 있나요?	**可以换到前面的座位吗？** [Kěyǐ huàn dào qiánmiàn de zuòwèi ma 커이 후안 따오 치엔미엔 더 쭈어웨이 마]
물건을 보여드려야 하나요?	**需要给你们看物品吗？** [Xūyào gěi nǐmen kàn wùpǐn ma 쉬이야오 게이 니먼 칸 우핀 마]
구매한 물건을 출국 전에 사용해도 되나요?	**购买的东西出国前可以使用吗？** [Gòumǎi de dōngxi chūguó qián kěyǐ shǐyòng ma 꼬우마이 더 똥시 추구어 치엔 커이 스용 마]
어떻게 쓰는지 모르겠는데 도와주시겠어요?	**我不知道怎么写，你可以帮我一下吗？** [Wǒ bù zhīdào zěnme xiě, nǐ kěyǐ bāng wǒ yíxià ma 워 뿌 즈따오 쩐머 시에, 니 커이 빵 워 이시아 마]
처음 쓰시는거에요?	**你第一次写吗？** [Nǐ dì-yīcì xiě ma 니 띠이츠 시에 마]
예전에 쓴 적이 있었는데 잊어버렸어요.	**以前写过，忘记了。** [Yǐqián xiěguo, wàngjì le 이치엔 시에구어, 왕지 러]
알겠어요, 제가 도와드릴게요.	**好吧，我来帮你。** [Hǎo ba, wǒ lái bāng nǐ 하오 바, 워 라이 빵 니]
이거 어떻게 쓰죠?	**这个怎么写？** [Zhège zěnme xiě 쩌거 쩐머 시에]
위에 조건에 맞추어서 쓰면 돼요.	**按照上面的要求填就行。** [Ànzhào shàngmiàn de yāoqiú tián jiù xíng 안짜오 샹미엔 더 이야오치우 티엔 지우 싱]

어휘 플러스

入口[rùkǒu 루코우]	입구
出口[chūkǒu 츄코우]	출구
紧急出口[jǐnjí chūkǒu 진지 츄코우]	비상구
发票[fāpiào 파피아오]	영수증
信用卡[xìnyòngkǎ 신용카]	신용카드
现金[xiànjīn 시엔진]	현금
微信支付[wēixìn zhīfù 웨이신 즈푸]	위챗페이
税[shuì 슈이]	세금
签名[qiānmíng 치엔밍]	서명
地点[dìdiǎn 띠디엔]	장소
出生日期[chūshēng rìqī 츄셩 르치]	생년월일
性别[xìngbié 싱비에]	성별
起飞[qǐfēi 치페이]	이륙하다
着陆[zhuólù 쭈어루]	착륙하다
晚点[wǎndiǎn]	연착하다
机长[jīzhǎng 완디엔]	기장
机内便餐[jīnèi biàncān 지네이 비엔찬]	기내식
救生衣[jiùshēngyī 지우셩이]	구명조끼
乘务员[chéngwùyuán 청우위엔]	승무원
行李架[xínglijià 싱리지아]	기내 짐칸
安全带[ānquándài 안취엔따이]	안전벨트

중국이 궁금해

중국의 고속철도

중국의 고속철도 망은 세계에서 가장 긴 약 2만 5,000킬로미터이다. 전세계 고속철도 노선의 2/3가 중국에 깔려 있다. 2020년까지 고속철도 망을 약 3만 킬로미터까지 확대하고, 구개 주요 도시를 연결할 예정이다.
2018년 말 국유 철도 기업, 중국 철도 총공사는 길이 약 300킬로미터 광심항 고속철도 (광저우–심천–홍콩)의 마지막 부분을 완성하게 된다.
건설은 2011년에 시작이 되었고, 노선의 대부분은 이미 개통이 된 상태이다. 홍콩과 광저우를 1시간 이내로 주파하게 되고, 2시간이 넘게 걸렸던 시간이 반으로 줄여들게 되는 것이다.
중국이 자체 개발한 고속철 푸싱(复兴)호가 베이징–텐진 구간을 시속 350킬로미터로 운행을 하고 있으며, 시속 400킬로미터의 열차도 개발 중에 있다. 중국이 거미철처럼 고속철을 깔게 된 계기는 바로 2008년 금융위기였다. 수출이 줄어들면서 경제가 둔화되자 중국 당국은 재정 투자로 활로를 찾았기 때문이다. 그들이 고속철도 사업에 집중하는 이유 중의 하나로는 다민족 국가인 중국을 하나의 국가로 결속시키기 위해서라는 이야기도 설득력이 있어 보인다. 광역권으로 4종 4획 전략에 따라 중국 전역에 고속철도를 깔고, 인구 50만 이상 중소 도시에 일반 열차를 배치하려는 계획을 가지고 있다. 결국은 고속철도를 통해 지방 통제력을 강화시켜서 중국 정부의 각종 정책 등이 더욱 효율적으로 전달할 수 있게 하는 숨은 의도도 있는 것이다.

服务员 여권을 보여 주세요

请出示护照。

Qǐng chūshì hùzhào

칭 추스 후짜오

利安 여기 있습니다.

给您。

Gěi nín

게이 닌

服务员 중국을 왜 방문하시나요?

您为什么访问中国？

Nín wèishénme fǎngwèn Zhōngguó

닌 웨이션머 팡원 쭝구어

利安 저는 여행으로 왔습니다. 비자도 발급받았습니다.

我是来旅行的，也有签证。

Wǒ shì lái lǚxíng de, yě yǒu qiānzhèng

워 스 라이 뤼싱 더, 이에 여우 치엔쩡

服务员 잠시만요, 확인 좀 할게요.

请稍等，确认一下。

Qǐng shāoděng, quèrèn yíxià

칭 샤오 떵, 취에런 이시아

服务员 중국에 얼마나 머무실 예정인가요?

您计划在中国滞留多久？

Nín jìhuà zài Zhōngguó zhìliú duō jiǔ

닌 지화 짜이 쭝구어 즈리우 뚜어 지우

利安

3박 4일 머물 예정입니다.

打算呆四天三夜。

Dǎsuan dāi sì tiān sān yè

따수안 따이 쓰 티엔 싼 이에

服务员

숙소는 정했나요?

住宿已经确定了吗？

Zhùsù yǐjīng quèdìng le ma

쭈수 이징 취에띵 러 마

利安

네, 예약했습니다.

是的，已经预约了。

Shì de, yǐjīng yùyuē le

스 더, 이징 위위에 러

服务员

알겠습니다, 환영합니다.

好的，欢迎您。

Hǎo de, huānyíng nín

하오 더, 후안잉 닌

出示[chūshì 추스] 제시하다

访问[fǎngwèn 팡원] 방문하다

滞留[zhìliú 즈리우] 머물다

呆[dāi 따이] 머물다, 묶다

护照[hùzhào 후짜오] 여권

签证[qiānzhèng 치엔쩡] 비자

打算[dǎsuan 따수안] ~할 계획이다

住宿[zhùsù 쭈수] 숙소

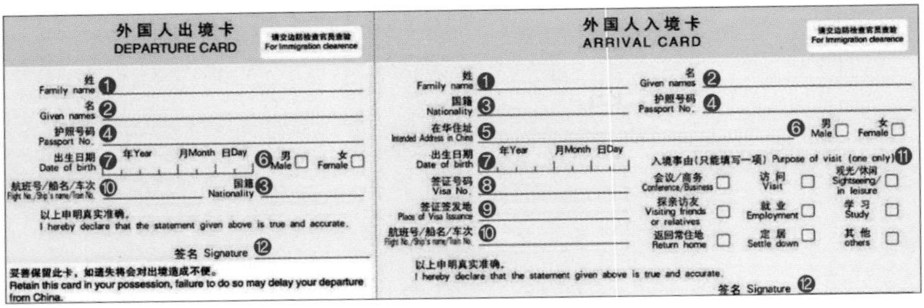

• 출입국 신고서 작성

목적지 도착 전에 승무원이 기내에서 출입국 신고서를 나누어 준다. 중국어 밑에 영어로도 표기가 되어 있지만 중국어 표현을 익혀두면 쉽게 작성할 수 있다.

항목	의미	작성요령	예시
① 姓 Family name	영문 성	여권과 동일	Choi
② 名 Given names	영문 이름	여권과 동일	Jinkweon
③ 国籍 Nationality	국적	국가명	Korea
④ 护照号码 Passport No.	여권 번호	여권과 동일	M234567
⑤ 在华住址 Intended Address in China	중국 내 체류주소	호텔주소 및 머무는 곳 주소	Beijing Hotel
⑥ 男/女 Male/Female	성별	박스 안에 ✓ 표시	男 Male ✓
⑦ 出生日期 Date of birth	생년월일	年(Year)에 연도, 月(Month)에 월, 日(Day)에 날짜	1985/02/28
⑧ 签证号码 Visa No.	비자번호	비자 오른쪽 상단 비자번호 (붉은 글씨)와 동일	L23456
⑨ 签证签发地 Place of Issuance	비자 발급도시	비자 항목과 동일	Seoul/Korea
⑩ 航班号/船名/车次 Flight No./Ship's name/ Train No.	항공편명	탑승권과 동일	KE216
⑪ 入境事由 Purpose of visit	방문 목적	해당하는 항목 1개만 ✓ 표시	观光/休闲 ✓ Sightseeing/in leisure
⑫ 签名 Signature	서명	본인의 자필 서명	

유용한 회화 표현

7-2.mp3

여권을 보여주세요.	**请出示护照。** [Qǐng chūshì hùzhào 칭 추스 후짜오]
방문 목적이 무엇인가요?	**您来中国的目的是什么呢？** [Nín lái Zhōngguó de mùdì shì shénme ne 닌 라이 쭝구어 더 무띠 스 션머 너]
휴가를 보내러 왔습니다.	**来度假。** [Lái dùjià 라이 뚜지아]
여행 왔습니다.	**来旅游。** [Lái lǚyóu 라이 뤼여우]
저는 교환학생으로 왔습니다.	**我是交换生。** [Wǒ shì jiāohuànshēng 워 스 지아오후안셩]
어학연수 왔습니다.	**我是来语言研修的。** [Wǒ shì lái yǔyán yánxiū de 워 스 라이 위이엔 이엔시우 더]
저는 중국에서 일합니다.	**我在中国工作。** [Wǒ zài Zhōngguó gōngzuò 워 짜이 쭝구어 꽁쭈어]
직장이 중국에 있습니다.	**我工作的公司在中国。** [Wǒ gōngzuò de gōngsī zài Zhōngguó 워 꽁쭈어 더 꽁쓰 짜이 쭝구어]
어디서 머물 계획인가요?	**您打算在哪停留？** [Nín dǎsuan zài nǎ tíngliú 닌 따수안 짜이 나 팅리우]
숙소는 이미 정했습니다.	**住宿已经订好了。** [Zhùsù yǐjīng dìng hǎo le 쭈수 이징 띵 하오 러]
이 양식을 채워주세요.	**请按格式填完。** [Qǐng àn géshì tián wán 칭 안 거스 티엔 완]
양식을 창구에 제출하면 될까요?	**把表格交到窗口就可以吗？** [Bǎ biǎogé jiāo dào chuāngkǒu jiù kěyǐ ma 바 삐아오거 지아오 따오 추앙코우 지우 커이 마]

어휘 플러스

签证[qiānzhèng 치엔쩡]	비자
护照[hùzhào 후짜오]	여권
税关[shuìguān 슈이구안]	세관
外国人[wàiguórén 와이구어런]	외국인
国籍[guójí 구어지]	국적
住宿[zhùsù 쮸수]	숙소
地址[dìzhǐ 띠즈]	주소
职业[zhíyè 즈이에]	직업
观光[guānguāng 꾸안꾸앙]	관광
假期[jiàqī 지아치]	휴가
入学许可证[rùxué xǔkězhèng 루쉬에 쉬커쩡]	입학허가증
交换学生[jiāohuàn xuésheng 지아오후안 쉬에셩]	교환학생
语言研修[yǔyán yánxiū 위이엔 이엔시우]	어학연수
格式[géshì 거스]	양식
窗口[chuāngkǒu 츄앙코우]	창구
预约[yùyuē 위위에]	예약
取消[qǔxiāo 취시아오]	취소
入关[rùguān 루꾸안]	세관 통과하다
申报单[shēnbàodān 션빠오딴]	신고서
免税商品[miǎnshuì shāngpǐn 미엔슈이 샹핀]	면세품
免税店[miǎnshuìdiàn 미엔슈이디에]	면세점

중국이 궁금해

트랜짓 비자 발급

트랜짓 비자는 24시간 내에 중국 관광을 하고 돌아오고 싶은 사람, 경유 시간이 길어서 호텔에서 하룻밤 묵을 사람은 트랜짓 비자 발급을 해야 한다.
트랜짓 비자 발급을 받기 위해서는 여권과 E-Ticket, Arrival/Departure card가 있어야 한다.

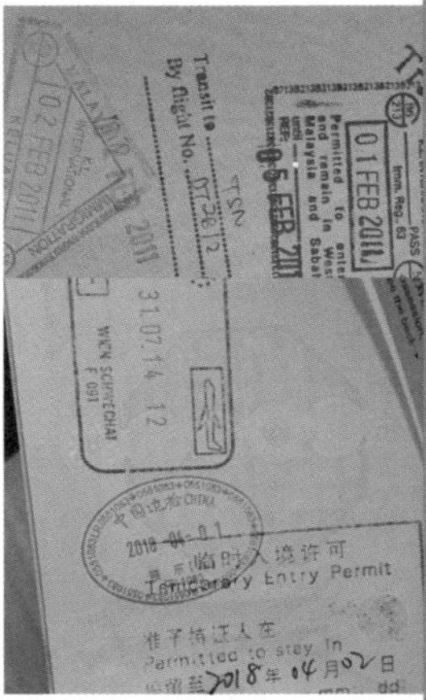

순서로는 비행기에서 내린 후 Transfer, Baggage claim, Arrival 표지판 따라서 들어가서 24hours transit visa 입국장으로 이동해야 한다.
Arrival card를 작성해야 하는데 파란색 하얀색 종이로 된 것으로 작성을 하는 것이고, 노란색 종이는 비자있는 사람들이 입국할 때 쓰는 종이이다.
여권확인하고 사진 찍고 입국카드 들고 가면 여권에 도장 찍어준다.

중국에 잠깐 체류 가능하게 해주는 비자이기 때문에 본인이 다시 제3국으로 떠날것이라는 것을 증명해주는 항공권이나 여행일정표가 필요하다.

분실한 물건 찾기

利安

누군가가 제 짐을 잘못 가져간 것 같아요.

好像有人拿错我的行李了。

Hǎoxiàng yǒu rén ná cuò wǒ de xíngli le

하오시앙 여우 런 나 추어 워 더 싱리 러

服务员

그래요? 제가 짐표를 볼게요.

是吗？我看一下你的行李票。

Shì ma　wǒ kàn yíxià nǐ de xíngli piào

스 마？　워 칸 이시아 니 더 싱리 피아오

利安

알겠습니다, 여기 있겠습니다.

好的，在这里。

Hǎo de,　zài zhèli

하오 더,　짜이 쩌리

服务员

제가 확인할게요, 잠시만 기다려주세요.

我帮您查一查，请稍等一下。

Wǒ bāng nín cháyichá,　qǐng shāoděng yíxià

워 빵 닌 차이차,　칭 샤오 떵 이시아

服务员

가방은 어떤 재질이고, 무슨 색상인가요?

包是什么材料，什么颜色呢？

Bāo shì shénme cáiliào,　shénme yánsè ne

빠오 스 션머 차이리아오,　션머 이엔써 너

利安

면 재질이고 검정색입니다.

是棉质的，黑色。

Shì miánzhì de,　hēisè

스 미엔즈 더,　헤이써

服务员　가방에 이름이 적혀있나요?

包上写有姓名吗？

Bāo shàng xiě yǒu xìngmíng ma

빠오 샹 시에 여우 싱밍 마

利安　아니요, 가방 안에 제 명함이 있습니다.

没有，包里面有我的名片。

Méiyou, bāo lǐmiàn yǒu wǒ de míngpiàn

메이여우, 빠오 리미엔 여우 워 더 밍피엔

服务员　가방에 값비싼 귀중품이 있나요?

包里有贵重物品吗？

Bāo li yǒu guìzhòng wùpǐn ma

빠오 리 여우 꾸이쭝 우핀 마

利安　아니요, 그렇지만 중요한 서류가 있습니다.

没有，但是有重要的资料。

Méiyou, dànshì yǒu zhòngyào de zīliào

메이여우, 딴스 여우 쭝이야오 더 쯔리아오

服务员　이 서류에 이름과 연락처, 주소를 써주세요.

请在资料上写明姓名、联系方式和地址。

Qǐng zài zīliào shàng xiěmíng xìngmíng, liánxì fāngshì hé dìzhǐ

칭 짜이 쯔리아오 샹 시에 시에밍 싱밍, 리엔시 팡스 흐어 띠즈

行李[xíngli 싱리] 짐

材料[cáiliào 차이리아오] 재질

棉质[miánzhì 미엔즈] 면 재질

贵重物品[guìzhòng wùpǐn 꾸이쭝 우핀] 귀중품

资料[zīliào 쯔리아오] 자료

方式[fāngshì 팡스] 방식

查[chá 차] 조사하다

颜色[yánsè 이엔써] 색깔

名片[míngpiàn 밍피엔] 명함

重要[zhòngyào 쭝이야오] 중요하다

联系[liánxì 리엔시] 연락하다

생생 여행 Tip

• 소지품 분실

소지품을 잃어버렸을 때 여행자 보험에 가입되어 있다면 가까운 공안국에 도난 및 분실물에 대해 작성하고 신고해야 한다. 귀국 후에 도난, 분실 증명서를 제출하면 심사 후 보상을 받을 수 있다. 만약에 여권을 분실했다면 해당 도시의 공안국에 가서 도난/분실 신고서를 발급 받아야 한다. 여권 사진 2매, 도난/분실 신고서, 여권 복사본을 가지고 주중 한국 대사관이나 영사관을 방문해 여행자 증명서와 여권 재발급 신청을 한다. 새로운 여권이 발급될 때까지 다른 도시로의 이동이 불가능하며, 보통 발급 시간은 일주일 정도 소요된다. 여권이 발급되면 공안국 외사과로 가서 다시 비자 신청도 해야 한다.

· 주중 한국 대사관

(010) 8531-0700 평일 09:00-12:00, 13:30-18:00
지하철 10호선 리앙마치아오(亮马桥)역 B출구로 나와 100미터 직진 후 동팡동루난코우(东方东路南口)로 좌회전해서 300미터 정도 직진 후 오른쪽에 위치하고 있다.

· 주중 한국 대사관 영사부

(010) 8532-0404 평일 09:00-12:00, 13:30-18:00
지하철 10호선 리앙마치아오(亮马桥)역 B출구로 나와 100미터 직진 후 동팡동루난코우(东方东路南口)로 좌회전해서 350미터 정도 직진 후 미국 대사관을 지나면 쌍둥이 건물이 나오는데 그 중 두 번째 건물이다.

유용한 회화 표현

8-2.mp3

오랫동안 기다렸는데도 제 짐을 아직 찾지 못했어요.	**我等了很长时间也没找到我的行李。** [Wǒ děng le hěn cháng shíjiān yě méi zhǎodào wǒ de xíngli 워 떵 러 헌 창 스지엔 이에 메이 짜오따오 워 더 싱리]
그래요? 어쩌다가 그렇게 된거죠?	**是吗？怎么会这样？** [Shì ma? Zěnme huì zhèyàng 스 마? 쩐머 후이 쩌이양]
다른 사람이 제 짐을 잘못 가져간 것 같아요.	**好像有人拿错我的行李了。** [Hǎoxiàng yǒu rén ná cuò wǒ de xíngli le 하오시앙 여우 런 나 추어 워 더 싱리 러]
어떡 해요, 빨리 가서 물어보세요.	**那怎么办，快去问问吧。** [Nà zěnmebàn, kuài qù wènwwen ba 나 쩐머빤, 쿠와이 취 원원 바]
핸드폰을 잃어버렸습니다.	**我丢了手机。** [Wǒ diū le shǒujī 워 띠우 러 쇼우지]
지갑을 잃어버렸습니다.	**我丢了钱包。** [Wǒ diū le qiánbāo 워 띠우 러 치엔빠오]
역 안에 분실물센터가 어디 있나요?	**请问站内失物招领处在哪？** [Qǐngwèn zhàn nèi shīwù zhāolǐngchù zài nǎ 칭원 짠 네이 스우 짜오링추 짜이 나]
역 안에 사물함이 어디 있나요?	**请问站内保管箱在哪？** [Qǐngwèn zhàn nèi bǎoguǎnxiāng zài nǎ 칭원 짠 네이 빠오구안시앙 짜이 나]
이 근처에 환전소가 있나요?	**请问这附近外汇兑换处在哪？** [Qǐngwèn zhè fùjìn wàihuì duìhuànchù zài nǎ 칭원 쩌 푸진 와이후이 뚜이후안추 짜이 나]

어휘 플러스

行李[xíngli 싱리]	짐
行李票[xíngli piào 싱리 피아오]	짐표
包[bāo 빠오]	가방
材料[cáiliào 차이리아오]	재질
颜色[yánsè 이엔써]	색상
名片[míngpiàn 밍피엔]	명함
贵重物品[guìzhòng wùpǐn 꾸쭝 우핀]	귀중품
资料[zīliào 쯔리아오]	서류
联系方式[liánxì fāngshì 리엔시 팡스]	연락방법
手机[shǒujī 쇼우지]	핸드폰
钱包[qiánbāo 치엔빠오]	지갑
失物招领处[shīwù zhāolǐngchù 스우 짜오링츄]	분실물센터
保管箱[bǎoguǎnxiāng 빠오구안시앙]	사물함
汇兑换处[huìduì huànchù 후이뚜이 후안츄]	환전소
地铁站[dìtiězhàn 띠티에짠]	지하철역
火车站[huǒchēzhàn 후어쳐짠]	기차역
航站[hángzhàn 항짠]	터미널
站台[zhàntái 짠타이]	플랫폼
咖啡厅[kāfēitīng 카페이팅]	카페

중국이 궁금해

중국에 시차가 없는 이유

그 넓은 '중국에 왜 시차가 없을까'라고 궁금해 하는 분이 많을 것이다. 미국 본토보다 동서거리가 넓은 중국에는 이상하게도 시차가 없다. 단 서쪽 신장 위구르자치구에는 우루무치시간이 있는데 우루무치는 동경87°35' 북위43°48' 에 위치한다.

해가 가장 짧은 12월 21일 동지에는 베이징 시간 기준으로 오전 9시 41분에 해가 뜨고, 18시 35분에 해가 진다. 6월 21일 하지에는 오전 6시 28분에 해가 뜨고, 오후 21시 55분에 해가 진다. 공공기관 근무시간은 여름인 5월부터 9월 말까지는 오전 9시 30분부터 오후 8시이다. 10월부터 4월 말까지 겨울에는 오전 10시부터 오후 7시 30분까지 근무한다. 표준시간이 생체리듬에 맞지 않아 현지 위구르인들은 베이징보다 2시간 느린 현지 시간을 사용한다. 하지만 한족들은 잘 사용하진 않는다고 한다.

중화민국 시기에는 다섯 개의 시간대를 운영한다. 신 중국 성립과 함께 시간대가 통일된 것이다. 과거 왕조시기에는 수도의 천문 측정 기구인 흠천감(欽天監)의 위치가 국가 시간의 기준이었는데 신 중국에서도 시간대를 두자는 논의가 나왔지만 실제로 적용되지 못했다. 분열의 빌미를 줄 수 있다는 것이 큰 이유이기도 하고 하나의 중국을 만드는 것이 그들의 목표이기도 하다.

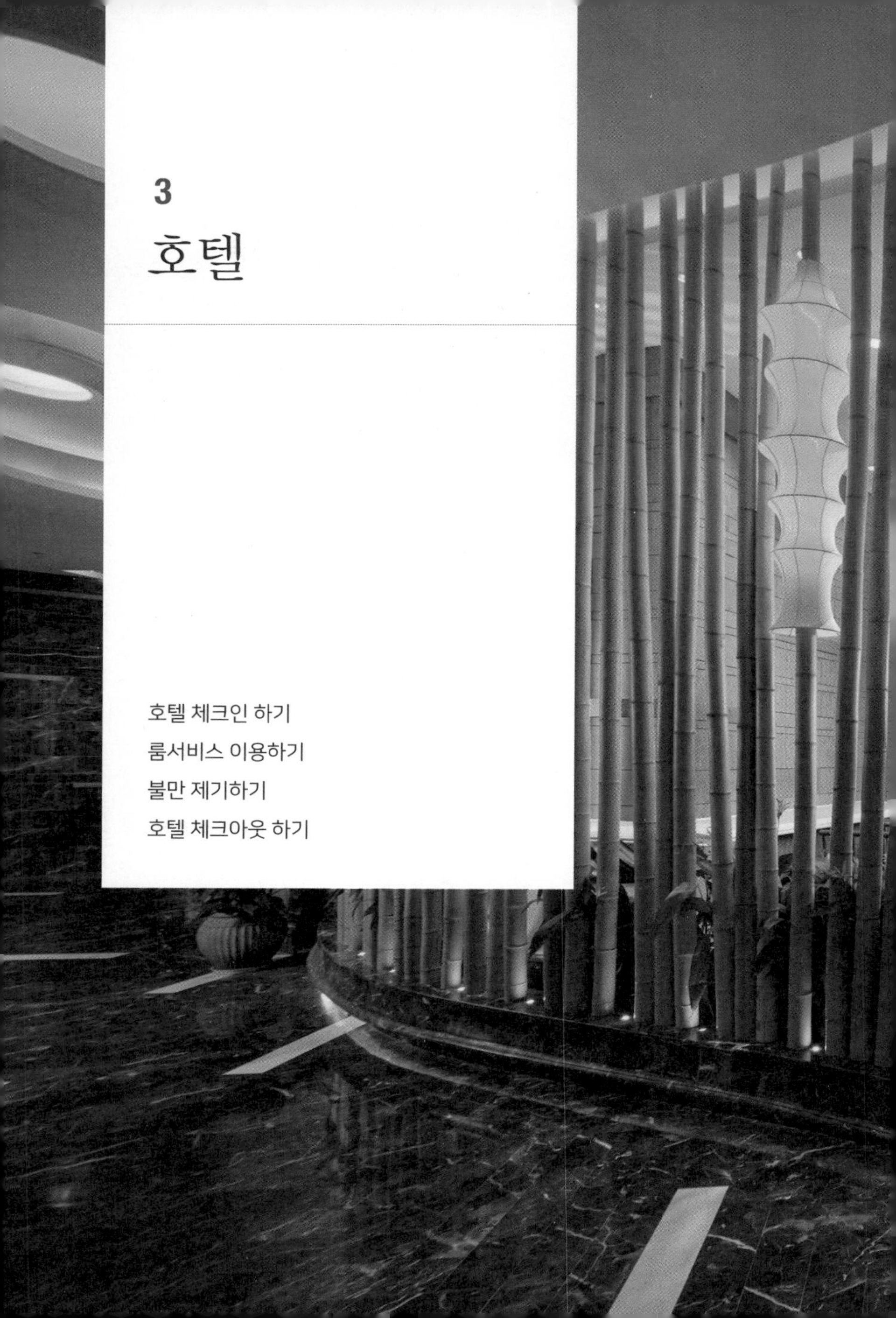

3
호텔

호텔 체크인 하기
룸서비스 이용하기
불만 제기하기
호텔 체크아웃 하기

호텔 체크인 하기

王菲

안녕하세요, 방을 하나 예약했습니다.

您好, 我预定了一个房间。

Nín hǎo, wǒ yùdìng le yí ge fángjiān

닌 하오, 워 위띵 러 이 거 팡지엔

服务员

성함이 어떻게 되시나요?

请问您姓名是？

Qǐngwèn nín xìngmíng shì

칭원 닌 싱밍 스?

王菲

제 이름은 왕페이입니다.

我叫王菲。

Wǒ jiào WángFēi

워 지아오 왕페이

服务员

잠시만요, 왕페이씨, 2박 숙박 예정이시죠, 맞죠?

请稍等, 王菲女士, 您打算住两宿是吗？

Qǐng shāoděng, WángFēi nǚshì, nín dǎsuan zhù liǎng sù shì ma

칭 샤오 떵, 왕페이 뉘스, 닌 따수안 쭈 리앙 수 스 마

服务员

301호 방입니다. 여기 카드키 드릴게요.
엘리베이터를 타고 3층으로 가셔서 왼쪽으로 가세요.

请入住301房间, 这是房卡。

Qǐng rùzhù sān líng yāo fángjiān, zhè shì fángkǎ

칭 루쭈 산 링 이야오 팡지엔, 쩌 스 팡카,

乘电梯在三楼下, 然后左拐。

Chéng diàntī zài sān lóu xià, ránhòu zuǒ guǎi

청 띠엔티 짜이 싼 로우 시아, 란호우 쭈어 꾸와이

王菲

알겠습니다. 조식 포함인가요?

好的，含早餐吗？

Hǎo de, hán zǎocān ma

하오 더, 한 자오찬 마

服务员

아니요, 조식이 포함이 되지 않고,
식사하시려면 비용을 지불해야 합니다.

不，不含早餐。

Bù, bù hán zǎocān

뿌, 뿌 한 자오찬

如果需要用餐，要付费的。

Rúguǒ xūyào yòngcān, yào fùfèi de

루구어 쉬이야오 용찬, 이야오 푸페이 더

王菲

알겠습니다. 내일 아침 7시에 모닝콜 해주실 수 있나요?

知道了，明早7点可以提供叫醒服务吗？

Zhīdào le, míngzǎo qī diǎn kěyǐ tígòng jiàoxǐng fúwù ma

즈따오 러, 밍짜오 치 디엔 커이 티꽁 지아오싱 푸우 마

服务员

가능합니다. 내일 아침 7시에 모닝콜 해드리겠습니다.

可以，明早7点会给您打叫醒电话。

Kěyǐ, míngzǎo jīntiān huì gěi nín dǎ jiàoxǐng diànhuà

커이, 밍짜오 진티엔 후이 게이 닌 따 지아오싱 띠엔화

预定[yùdìng 위띵] 예약하다

电梯[diàntī 띠엔티] 엘리베이터

提供[tígòng 티꽁] 제공하다

房间[fángjiān 팡지엔] 방

付费[fùfèi 푸페이] 비용을 지불하다

叫醒服务[jiàoxǐng fúwù 지아오싱 푸우] 모닝콜 서비스

생생 여행 Tip

• 중국 최대 온라인 여행사 C-Trip

시에청(携程)은 중국계 온라인 여행 에이전시로 1999년에 사업을 시작하여 여행객이 필요한 상품 중계를 하고 있다. 연 매출 3조 원의 초대형 기업으로 성장하여 중국 내에서 판매되는 40% 이상이 모두 씨트립의 플랫폼을 통해서 판매가 되고 있다. 현재 전 세계 3억 명의 회원들과 중국뿐만 아니라 전 세계 75만 개의 호텔, 800만 개의 항공 노선을 담당하며 전 세계 2위의 온라인 여행사로서 세계적으로도 그 규모를 인정받고 있다. 중국 여행 업계 2위였던 '취날(去哪儿)'과 합병, 영국의 '스카이 스캐너'를 인수하며 씨트립의 규모를 무섭게 확장하고 있다. 구글 플레이에서 한글 '씨트립'을 검색하거나 중국어 '携程旅行' 혹은 영어 'CTRIP'으로 검색을 해도 앱을 다운 받을 수 있다.

홈페이지는 다음과 같다. http://www.ctrip.com
C-Trip의 장점으로는 최저가 항공권 예약이 가능하다. 전 세계 모든 항공권 특가가 가능하고, 수수료 없는 원화 결제가 가능하다. 쉽고 빠른 호텔 예약이 가능하다.
가고자 하는 도시와 날짜를 검색하면 검색조건에 따라 예약이 가능하다. 편리한 기차표 예약이 가능하다. 기차로 여행을 한다고 할 때 내가 가고자 하는 곳의 좌석여유분 확인 가능하고, 예약할 수 있다.

유용한 회화 표현

9-2.mp3

보증금이 얼마죠?	**这房间押金多少钱？** [Zhè fángjiān yājīn duōshao qián 쩌 팡지엔 야진 뚜어샤오 치엔]
보증금은 카드로도 가능한가요?	**押金可以刷卡吗？** [Yājīn kěyǐ shuākǎ ma 야진 커이 슈아카 마]
근처에 은행이 있나요?	**那附近有银行吗？** [Nà fùjìn yǒu yínháng ma 나 푸진 여우 인항 마]
나가셔서 우회전 하면 ATM기가 있습니다.	**出去右拐有一个自动取款机。** [Chūqù yòu guǎi yǒu yí ge zìdòng qǔkuǎnjī 추취 여우 꾸와이 여우 이 거 쯔똥 취쿠안지]
매일 아침 7시에서 9시까지가 아침 시간입니다.	**每天早上7点到9点是早餐时间。** [Měitiān zǎoshang qī diǎn dào jiǔ diǎn shì zǎocān shíjiān 메이티엔 짜오샹 치 디엔 따오 지우 디엔 스 자오찬 스지엔]
죄송한데, 조식은 포함되지 않습니다.	**不好意思，不包括早餐。** [Bùhǎoyìsi, bù bāokuò zǎocān 뿌하오이쓰, 뿌 빠오쿠어 자오찬]
그러면 이 근처에 아침을 먹을만한 곳이 있나요?	**那这附近有吃早餐的地方吗？** [Nà zhè fùjìn yǒu chī zǎocān de dìfang ma 나 쩌 푸진 여우 츠 자오찬 더 띠팡 마]
이 근처에 밥을 먹을 만한 곳이 많고, 나가면 바로 보입니다.	**这周围吃饭的地方很多，** [Zhè zhōuwéi chī fàn de dìfang hěn duō, 쩌 쪼우웨이 츠 판 더 띠팡 헌 뚜어, **您出去就能看到。** nín chūqù jiù néng kàn dào 닌 추취 지우 넝 칸 따오]
이곳은 뷔페식입니다.	**我们这里是自助。** [Wǒmen zhèli shì zìzhù 워먼 쩌리 스 쯔쭈]
무선와이파이가 되나요?	**有无线网络吗?** [Yǒu wúxiàn wǎngluò ma 여우 우시엔 왕루어 마]
카드키를 잃어버렸습니다.	**丢了房卡。** [Diūle fángkǎ 띠우러 팡카]

어휘 플러스

房卡[fángkǎ 팡카]	카드키
电梯[diàntī 띠엔티]	엘리베이터
含早餐[hán zǎocān 한 자오찬]	조식포함
叫醒服务[jiàoxǐng fúwù 지아오싱 푸우]	모닝콜 서비스
押金[yājīn 야진]	보증금
银行[yínháng 인항]	은행
自动取款机[zìdòng qǔkuǎnjī 쯔똥 취쿠안지]	ATM기
自助餐[zìzhùcān 쯔쭈찬]	뷔페식
无线网络[wúxiàn wǎngluò 우시엔 왕루어]	무선와이파이
今天[jīntiān 지티엔]	오늘
明天[míngtiān 밍티엔]	내일
后天[hòutiān 호우티엔]	모레
前台[qiántái 치엔타이]	프런트
单人间[dānrénjiān 딴런지엔]	1인실
双人间[shuāngrénjiān 슈앙런지엔]	2인실
位置[wèizhì 웨이즈]	위치
设施[shèshī 셔즈]	시설
地图[dìtú 띠투]	지도
吹风机[chuīfēngjī 츄이펑지]	헤어드라이기
洗衣机[xǐyījī 시이지]	세탁기

중국이 궁금해

호텔 명칭

호텔을 의미하는 단어는 여러 가지가 있는데 이 단어들의 태생을 알 필요가 있다. 예전에 주점(酒店)은 술을 파는 곳이었고, 반점(饭店)은 밥을 파는 곳이었는데 후에 술도 먹고 밥을 먹으면서 숙박을 했기 때문에 이 명칭은 그대로 하면서 숙박도 하는 기능을 가지게 된 것이라고 이해를 하면 된다.

酒店 [jiǔdiàn]	한국말로 주점이라는 의미인데 술을 팔던 곳이었으나 의미가 확장되어 숙박 의미도 가지게 된 것이다.
饭店 [fàndiàn]	한국말로 반점이라는 의미로 지금은 한국에서 중국집에 들어가는 명칭으로 많이 알고 있는데 원래는 밥을 팔던 곳이었으나 의미가 확장되어 숙박의 의미도 가지게 된 것이다.
宾馆 [bīnguǎn]	순수하게 숙박의 기능을 가졌으며 酒店이나 饭店에 비해 규모나 등급, 서비스가 비교적 낮다고 볼 수 있다.
招待所 [zhāodài suǒ]	원래 직장 등의 단체손님을 맞이하는 위한 곳이었으나 현재는 누구나 묵을 수 있는 곳으로 가격이 비교적 저렴하고 공동 샤워실을 사용하는 등 시설이 좋지 않다. 호스텔 정도의 느낌으로 보면 된다.
旅馆 [lǚguǎn]	한국에서 여관이라는 곳이 거의 사라지고 있는데 중국 역시 점차 사라지고 있는 상황이다. 게스트하우스정도로 표현할 수 있으면 시설이 취약하다.

중국 정부는 많은 명승고적지와 천연의 관광지마다 호텔의 수준을 5스타(별), 4스타로 표현하듯이 A숫자로 등급을 나누는데 가장 높은 등급은 A가 5개로서 아래와 같은 자격증을 영내 시설물 여러 곳에 게양할 수 있다. 각 지역별로 5A 등급의 명소 수를 정리하면 다음과 같으며 Baidu의 중문으로 된 명단을 보려면 아래 링크에 접속하면 된다. 명단을 보면서 나는 249군데 중 몇 군데를 다녀왔는지 세어보면 재미있을 것이다.

利安

그렇군요, 식당은 몇 층에 있나요?

哦, 餐厅在几楼?

Ò, cāntīng zài jǐ lóu

오, 찬팅 짜이 지 로우

服务员

식당은 2층에 있고, 7시부터 9시까지 운영이 됩니다.

餐厅在二楼, 用餐时间是7点到9点。

Cāntīng zài èr lóu, yòngcān shíjiān shì qī diǎn dào jiǔ diǎn

찬팅 짜이 얼 로우, 용찬 스지엔 스 치 디엔 따오 지우 디엔

利安

알겠습니다. 감사합니다.

好的, 谢谢。

Hǎo de, xièxie

하오 더, 시에시에

服务员

또 도와드릴 것이 있나요?

还有什么需要帮助的吗?

Háiyǒu shénme xūyào bāngzhù de ma

하이여우 션머 쉬이야오 빵쭈 더 마

利安

방에서 인터넷 접속이 잘 안되는데 확인 부탁드릴게요.

房间网络信号不太好, 请帮我看一下。

Fángjiān wǎngluò xìnhào bútài hǎo, qǐng bāng wǒ kàn yíxià

팡지엔 왕루어 신하오 부타이 하오, 칭 빵 워 칸 이시아

服务员　방 번호가 어떻게 되시죠?

您的房间号是多少？
Nín de fángjiān hào shì duōshao
닌 더 팡지엔 하오 스 뚜어샤오

利安　603호 방입니다.

是603。
Shì liù líng sān
스 리우 링 싼

그리고 수건과 물도 가져다 주세요.

请给我拿一条毛巾和一瓶水。
Qǐng gěi wǒ ná yì tiáo máojīn hé yì píng shuǐ.
칭 게이 워 나 이 티아오 마오진 흐어 이 핑 슈이

服务员　예, 알겠습니다, 즐거운 시간 되세요.

好的，没问题，祝您过得愉快。
Hǎo de , méi wèntí, zhù nín guò de yúkuài.
하오 더, 메이 원티, 쭈 닌 꾸어 더 위쿠와이

房间[fángjiān 팡지엔] 방
服务[fúwù 푸우] 서비스
信号[xìnhào 신하오] 신호
提供[tígòng 티꽁] 제공하다
网络[wǎngluò 왕루어] 인터넷

생생 여행
Tip

• 여행하면서 가장 많이 듣게 되는 말

메이원티(没问题, 문제없다)

'문제가 없다'고 하는 것은 매우 개인적이고 주관적인 대답이다. 시간이 지나면 문제가 될 수도 있고 안 될 수도 있는데 문제가 있다고 해서 자신의 책임은 아니라는 의미를 가지고 있다.

마샹(马上, 곧)

중국에서 여행을 하면서 언제 도착하냐고 물어봤는데 대답은 马上이라는 대답이 있었고, '곧 도착 하겠구나'라는 생각을 했는데 1시간을 더 가도 도착하지 않아서 다시 물어보니 역시나 대답은 马上이었다. 즉, 马上이라는 단어는 상황에 따라 상대방의 입장에 따라서 1시간이 될 수도 있고, 3시간도 될 수 있는 것이다.

메이팡파(没方法,방법이 없다)

중국에서 가장 많이 듣는 말 중에 하나일 것이다.일을 진행하다가도 '메이팡파'라고 하면 프로젝트는 바로 종결된다. 결국은 책임을 회피하는 말일수도 있는데 방법이 없어서 나도 어쩔 수 없다. '결국 내 책임은 아니다'라는 의미일 것이다. 사실 중국에서 '메이팡파'라는 이야기를 듣는 그때부터 시작일 수도 있다. 왜냐면 중국에서는 되는 것도 없지만 안 되는 것도 없는 것이기 때문이다.

메이꾸완시(没关系, 괜찮다)

직역을 하면 '관계가 없다'라는 의미이지만 '괜찮다'라는 의미이다. 중국인들은 상대방에게 쉽게 자기감정을 드러내지 않는다. 그런 이유로는 문화대혁명 시기의 시대적인 사건도 일조 했다는 것을 부정할 수는 없다. 그 시절에는 말만 잘 못해도 잡혀가기도 하고 목숨을 잃을 수도 있기 때문이었다. 그래서 우리가 중국인들과 같이 일을 할 때는 그 말이 가지고 있는 진정한 의미를 알아야 소통을 할 수 있다.

유용한 회화 표현

10-2.mp3

룸서비스를 제공하나요?	提供客房用餐服务吗？ [Tígòng kèfáng yòngcān fúwù ma 티꽁 커팡 용찬 푸우 마]
몇 시부터 아침식사를 할 수 있나요?	早餐几点开始？ [Zǎocān jǐ diǎn kāishǐ 자오찬 지 디엔 카이스]
어디서 셔틀버스를 탑승할 수 있나요?	在哪坐酒店巴士？ [Zài nǎ zuò jiǔdiàn bāshì 짜이 나 쭈어 지우디엔 빠스]
택시를 타면 호텔까지 공항까지 얼마나 걸리나요?	从酒店到机场, 坐出租多长时间？ [Cóng jiǔdiàn dào jīchǎng, zuò chūzū duō cháng shíjiān 총 지우디엔 따오 지창, 쭈어 추주 뚜어 창 스지엔]
택시 한 대 불러주세요.	请叫一辆出租车。 [Qǐng jiào yí liàng chūzūchē 칭 지아오 이 리앙 추주처]
지금 시간에는 택시를 잡기가 쉽지 않아요.	这个时间, 可能不太好打出租车。 [Zhège shíjiān, kěnéng bútài hǎo dǎ chūzūchē 쩌거 스지엔, 커넝 부타이 하오 따 추주처]
이 근처에 편의점이 있나요?	这附近有便利店吗? [Zhè fùjìn yǒu biànlìdiàn ma 쩌 푸진 여우 비엔리디엔 마]
이 근처에 대형마트가 있나요?	这附近有大型超市吗? [Zhè fùjìn yǒu dàxíng chāoshì ma 쩌 푸진 여우 따싱 차오스 마]
호텔에 있는 식당은 저녁 몇 시까지 영업을 하나요?	酒店里的餐厅晚上营业到几点? [Jiǔdiàn li de cāntīng wǎnshang yíngyè dào jǐ diǎn 지우디엔 리 더 찬팅 완샹 잉이에 따오 지 디엔]
방에 있는 물은 무료제공이죠?	房间里的饮用水免费吗? [Fángjiān li de yǐnyòngshuǐ miǎnfèi ma 팡지엔 리 더 인용수이 미엔페이 마]

어휘 플러스

客房用餐服务 [kèfáng yòngcān fúwù 커팡 용찬 푸우]	룸서비스
酒店巴士[jiǔdiàn bāshì 지우디엔 빠스]	셔틀버스
便利店[biànlìdiàn 비엔리디엔]	편의점
大型超市[dàxíng chāoshì 따싱 챠오스]	대형마트
服务[fúwù 푸우]	서비스
游泳池[yóuyǒngchí 여우용츠]	수영장
健身房[jiànshēnfáng 지엔셩팡]	헬스장
桑拿浴[sāngnáyù 상나위]	사우나
澡盆[zǎopén 자오펀]	욕조
淋浴设施[línyù shèshī 린위 셔스]	샤워시설
大厅[dàtīng 따팅]	로비
吸烟室[xīyānshì 시이엔스]	흡연실
闹钟[nàozhōng 나오쭝]	알람시계
免费[miǎnfèi 미엔페이]	무료
洗衣服务[xǐyī fúwù 시이 푸우]	세탁 서비스
叫醒服务[jiàoxǐng fúwù 지아오싱 푸우]	모닝콜 서비스
冰块[bīngkuài 삥쿠와이]	아이스, 얼음덩이
热水[rèshuǐ 르어슈이]	뜨거운 물

중국이 궁금해

중국의 호텔

보통 개인여행을 가게 되면 인터넷으로 호텔를 예약하고 가는 경우가 많은데 꼼꼼하게 체크를 해봐야 한다. 호텔마다 아침 식사가 포함되는지 세탁이 유료인지 무료인지, 아니면 방에 냉장고가 있는지에 대한 여부를 꼼꼼히 체크를 해야 현지에 가서 낭패를 보는 경우를 피할 수 있다.

한국에서 예약을 할 때 다른 숙박객들의 평가와 홈페이지에 서비스 항목들에 대해서는 꼭 확인을 해서 즐거운 여행에 오점을 남겨서는 안될 것이다.

숙소를 예약할 때 가장 많은 사이트이다.

한국어 사이트

아고다 www.agoda.com/ko-kr
익스피디아 www.expedia.co.kr
씨트립 www.ctrip.co.kr

중국어 사이트

취날 www.qunar.com
이롱 www.elong.com

불만 제기하기

利安

203호에 숙박 중인데요, 방에 한 가지 문제가 있습니다.

我住在203号房间，房间里有点问题。

Wǒ zhù zài èr líng sān hào fángjiān, fángjiān li yǒu diǎn wèntí

워 쭈 짜이 얼 링 싼 하오 팡지엔, 팡지엔 리 여우 디엔 원티

服务员

무엇이 문제인가요?

有什么问题呢？

Yǒu shénme wèntí ne

여우 션머 원티 너

利安

에어컨이 작동이 안되고 있는데 확인 부탁드릴게요.

空调不能使用，过来看一下吧。

Kōngtiáo bùnéng shǐyòng, guòlái kàn yíxià ba

콩티아오 뿌넝 스용, 꾸어라이 칸 이시아 바

服务员

그래요? 지금 바로 사람 보내서 조치를 취하겠습니다.
(잠시 후 수리하는 사람이 내려간 후)
죄송한데 에어컨 수리를 하려면 시간이 좀 필요할 것 같은데
방을 옮겨드려도 될까요?

是吗？现在马上派人过去修好。

Shì ma Xiànzài mǎshàng pàirén guòqù xiū hǎo

스 마? 시엔짜이 마샹 파이런 꾸어취 시우 하오

(稍后，修理工下去之后。)

(shāo hòu, xiūlǐgōng xiàqù zhī hòu)

샤오 호우, 시우리꽁 시아취 즈 호우

很抱歉，修理空调的话要花些时间，

Hěn bàoqiàn, xiūlǐ kōngtiáo de huà yào huā xiē shíjiān,

헌 빠오치엔, 시우리 콩티아오 더 화 이야오 화 시에 스지엔,

给您换一个房间可以吗

gěi nín huàn yí ge fángjiān kěyǐ ma

게이 닌 후안 이 거 팡지엔 커이 마

利安

문제가 없는 방으로 지금 옮겨주세요.

现在给我换没有问题的房间吧。

Xiànzài gěi wǒ huàn méiyou wèntí de fángjiān ba
시엔짜이 게이 워 후안 메이여우 원티 더 팡지엔 바

服务员

옮길 수 있는 방을 확인하고 바로 연락드리겠습니다.
불편을 드려서 정말 죄송합니다.

确认可以调换的房间后,

Quèrèn kěyǐ diàohuàn de fángjiān hòu,
취에런 커이 띠아오후안 더 팡지엔 호우,

马上联系您, 非常抱歉给您带来不便。

mǎshàng liánxì nín, fēicháng bàoqiàn gěi nín dàilái bú biàn
마샹 리엔시 닌, 페이창 빠오치엔 게이 닌 따이라이 부 비엔

问题[wèntí 원티] 문제
使用[shǐyòng 스용] 사용하다
抱歉[bàoqiàn 빠오치엔] 미안하게 생각하다
空调[kōngtiáo 콩티아오] 에어컨
花[huā 화] (시간, 돈을)소비하다

생생 여행
Tip

• 大众点评 앱 소개

Dianping App(大众点评)은 wechat, Alipay 등과 어깨를 나란히 하는 중국 국민어플이다. 大众点评이라는 이름은 '대중들의 평가' 라는 의미이다. 대중들의 리뷰를 바탕으로 맛집 등을 소개해 주는 App이다.

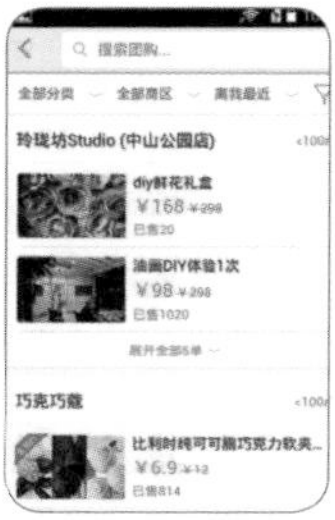

Dianping App(大众点评)은 맛집뿐 아니라 마사지, 미용실, 호텔, 영화관 등 다양한 상점들의 리뷰와 정보를 온라인 App을 통해 제공하는 O2O 플랫폼이다. 大众点评에서 가장 많이 사용하는 메뉴가 미식(美食/맛집)과 와이마이(外买/배달)이다. 먼저 미식(美食) 메뉴부터 살펴보면 거리에 따라, 무슨 종류를 먹을지, 가격, 인기순 등으로 소팅이 가능하다.

여행을 하고 있는 곳에서 맛집을 가고 싶다면 지역으로 검색을 하면 메뉴에 따라서 인기순으로 배열이 되기 때문에 중국인들이 가장 좋아하는 맛집을 갈 수 있다. 大众点评의 가장 큰 특징은 사용자들의 평가로 맛집을 소개한다는 것이기 때문에 더 신뢰를 가질 수 있다.
별점은 5점 만점으로 측정되고 평가되는 부분은 맛, 분위기, 환경, 서비스 등으로 다양하다. 추천하는 음식이 무엇인지, 영업시간이 언제인지 정보가 있다는 사실도 참고하면 좋다.

유용한
회화 표현

11-2.mp3

난방 시설이 작동하지 않습니다.	**取暖设施不能使用啊。** [Qǔnuǎn shèshī bùnéng shǐyòng a 취누안 셔스 뿌넝 스용 아]
옆방이 너무 시끄럽습니다.	**隔壁房间太吵了。** [Gébì fángjiān tài chǎo le 거삐 팡지엔 타이 차오 러]
방을 바꿔 주실 수 있나요?	**可以给我换房间吗？** [Kěyǐ gěi wǒ huàn fángjiān ma 커이 게이 워 후안 팡지엔 마]
냉장고가 작동이 안되는 것 같아요.	**电冰箱好像不能使用。** [Diànbīngxiāng hǎoxiàng bùnéng shǐyòng 띠엔삥시앙 하오시앙 뿌넝 스용]
방 청소 상태가 좋지 않아요.	**房间卫生情况不太好。** [Fángjiān wèishēng qíngkuàng bútài hǎo 팡지엔 웨이셩 칭쿠앙 부타이 하오]
인터넷 접속이 원활하지 않아요.	**网络信号不太稳定。** [Wǎngluò xìnhào bútài wěndìng 왕루어 신하오 부타이 원띵]
인터넷 속도가 너무 느린 것 같아요.	**网络速度太慢。** [Wǎngluò sùdù tài màn 왕루어 수뚜 타이 만]
에어컨에서 물이 떨어지고 있어요.	**空调在漏水。** [Kōngtiáo zài lòushuǐ 콩티아오 짜이 로우슈이]
변기가 막혀서 물이 넘쳐요.	**坐便器堵了，水已经漫出来了。** [Zuòbiànqì dǔ le, shuǐ yǐjīng màn chūlái le 쭈어비엔치 뚜 러, 슈이 이징 만 추라이 러]
물이 안나오고 있어요.	**房间不出水。** [Fángjiān bù chū shuǐ 팡지엔 뿌 추 슈이]
방에 수건이 없습니다.	**房间里没有毛巾。** [Fángjiān li méiyou máojīn 팡지엔 리 메이여우 마오진]
일회용 치약과 칫솔이 없습니다.	**没有一次性牙膏和牙刷。** [Méiyou yīcìxìng yágāo hé yáshuā 메이여우 이츠싱 야까오 흐어 야슈아]
전등불이 안 들어오는데 확인해주세요.	**开不了灯，叫人过来看看吧。** [Kāibùliǎo dēng, jiào rén guòlái kànkan ba 카이뿌리아오 떵, 지아오 런 꾸어라이 칸칸 바]

어휘
플러스

梳妆台[shūzhuāngtái 슈쭈앙타이]	화장대
褥子[rùzi 루즈]	요
床罩[chuángzhào 츄앙짜오]	침대커버
毯子[tǎnzi 탄즈]	담요
枕头[zhěntou 쩐토우]	베개
枕套[zhěntào 쩐타오]	베갯잇
睡衣[shuìyī 슈이이]	잠옷
床单[chuángdān 츄앙딴]	침대시트
衣架[yījià 이지아]	옷걸이
衣柜[yīguì 이꾸이]	옷장
被套[bèitào 뻬이타오]	이불커버
被子[bèizi 뻬이즈]	이불
床垫[chuángdiàn 츄앙띠엔]	침대 매트리스
拖鞋[tuōxié 투어시에]	슬리퍼
抽屉[chōuti 쵸우티]	서랍
台灯[táidēng 타이떵]	탁상용 스탠드
拉手[lāshǒu 라쇼우]	손잡이

중국이 궁금해 차부뚜오(差不多)에 담긴 문화

차부뚜오(差不多)의 의미는 '차이가 크지 않다.'라는 의미로 상대방이 말한 부분에서 '차이가 크지 않다'라는 것을 의미한데 이 부분은 화자의 지극히 주관적이기 때문에 받아들이는 사람 입장에서는 혼란스러울 수도 있을 것이다.

이 표현은 역사적인 경험에서 의미를 찾을 수 있는데 마오저똥이 주도했던 대약진 운동 시기에 집단생활 방식이 도입이 되었기 때문에 경쟁이 필요가 없는 시기였다. 그런 이유로 일에 대한 처리 방식이 대강대강 할 수 밖에 없는 그들의 문화가 자리가 잡혔다고 할 수 있다.
그런 모습을 풍자하여 후스(胡适)의 「差不多先生传」은 중국 사회의 게으르고 진지하지 못한 모습을 풍자한 소설이다. 또 다른 하나로는 나태함의 표현일 수도 있다. 즉, 안 한 것도 아니고 한 것도 아닌 애매한 상태를 의미하기도 한다. 했다는 것에 초점을 맞출 뿐 결과가 어떠하든 상관이 없다라는 의미를 내포하고 있다. 다른 의미로는 자신이 한 일에 대한 결과에 대해 핑계거리를 쓸 때 사용하기도 한다. 그래서 우리는 중국인과 일을 하거나 대화를 할 때 그 속에 내포된 의미를 잘 파악을 해야 그들과 소통을 원활히 할 수 있는 이유이다.

服务员

안녕하세요, 무엇을 도와드릴까요?

您好, 有什么需要帮助的吗？

Nín hǎo, yǒu shénme xūyào bāngzhù de ma

닌 하오, 여우 션머 쉬이야오 빵쭈 더 마

利安

302호 방이고, 체크아웃을 하려고 합니다.

302房间, 要退房。

Sān líng èr fángjiān, yào tuìfáng

싼 링 얼 팡지엔, 이야오 투이팡

服务员

묵으시는데 불편한 것은 없었나요?

你住得还好吗？

Nǐ zhù de hái hǎo ma

니 쭈 더 하이 하오 마

利安

물론입니다, 서비스도 좋았고 방도 깨끗했어요.

当然, 服务很好, 房间也很干净。

Dāngrán, fúwù hěn hǎo, fángjiān yě hěn gānjìng

땅란, 푸우 헌 하오, 팡지엔 이에 헌 깐징

服务员

감사합니다, 지금 방을 확인 중에 있는데 잠시만 기다려주세요.

谢谢, 现在正在查房, 请稍等。

Xièxie, xiànzài zhèngzài chá fáng, qǐng shāoděng

시에시에, 시엔짜이 쩡짜이 차 팡, 칭 샤오 떵

服务员

기다려주셔서 감사합니다. 미니바는 이용하지 않으셨네요.

谢谢您等候, 没有用过客房小酒吧哦。

Xièxie nín děnghòu, méiyou yòngguo kèfáng xiǎo jiǔbā ò

시에시에 닌 떵호우, 메이여우 용구어 커팡 시아오 지우빠 오

利安

숙박비는 얼마 나왔죠?

住宿费是多少？

Zhùsùfèi shì duōshao

쭈수페이 스 뚜어샤오

服务员

여기 있습니다. 결제는 어떻게 하실건가요?

请看，您要哪种方式结算？

Qǐng kàn, nín yào nǎ zhǒng fāngshì jiésuàn

칭 칸, 닌 이야오 나 쭝 팡스 지에수안

利安

신용카드로 지불하고 싶습니다.

我想用信用卡。

Wǒ xiǎng yòng xìnyòngkǎ

워 시앙 용 신용카

服务员

문제없습니다, 카드 주세요.

没问题，请给我卡。

Méi wèntí, qǐng gěi wǒ kǎ

메이 원티, 칭 게이 워 카

退房[tuìfáng 투이팡] 체크아웃하다

方式[fāngshì 팡스] 방식

干净[gānjìng 깐징] 깨끗하다

结算[jiésuàn 지에수안] 계산하다

생생 여행
Tip

• 체크아웃 후 짐 맡기기

체크아웃 후 많은 짐을 가지고 반나절 구경하기가 힘들 때가 있다. 그럴 때는 체크아웃 후 프런트에 짐을 맡길 수 있는지 문의를 하면 되고, 대부분의 호텔에서는 짐을 보관을 해준다. 짐을 맡기면 짐표를 주는데 짐을 찾을 때 짐표를 주면 짐을 돌려받을 수 있다. 유료로 하는 곳이 있지만 대부분 무료로 짐을 보관해주는 서비스를 하기 때문에 반나절 관광을 해야 한다면 짐을 맡기고 관광을 하는 것이 좋다.

짐을 맡길 때 아래 표현을 사용하면 가능하다.

我可以把这些行李寄存在这儿吗?
Wǒ kěyǐ bǎ zhèxiē xíngli jìcún zài zhèr ma
워 커이 바 쩌시에 싱리 지추 짜이 쩔 마
저의 짐을 이곳에 보관해도 될까요?

유용한 회화 표현

12-2.mp3

죄송한데, 체크아웃 후에 짐을 보관할 수 있나요?	**请问，退房后还能保管行李吗？** [Qǐngwèn, tuìfáng hòu hái néng bǎoguǎn xíngli ma 칭원, 투이팡 호우 하이 넝 빠오구안 싱리 마]
가능하긴 한데, 보관비가 발생합니다.	**可以是可以，但是需要收保管费。** [Kěyǐ shì kěyǐ, dànshì xūyào shōu bǎoguǎnfèi 커이 스 커이, 딴스 쉬이야오 쇼우 빠오구안페이]
시간으로 계산이 되나요?	**是按时间计费吗？** [Shì àn shíjiān jìfèi ma 스 안 스지엔 지페이 마]
이곳에는 그런 서비스가 없습니다.	**这里没有这项服务。** [Zhèli méiyou zhè xiàng fúwù 쩌리 메이여우 쩌 시앙 푸우]
할부로 지불해도 되나요?	**我可以分期付款吗?** [Wǒ kěyǐ fēnqī fùkuǎn ma 워 커이 펀치 푸쿠안 마]
현금으로 지불해도 되나요?	**我可以用现金支付吗?** [Wǒ kěyǐ yòng xiànjīn zhīfù ma 워 커이 용 시엔진 즈푸 마]
보증금 카드로 결제한 것은 자동으로 취소되죠?	**用卡交的能自动取消，对吗？** [Yòng kǎ jiāo de néng zìdòng qǔxiāo, duì ma 용 카 지아오 더 넝 쯔똥 취시아오, 뚜이 마]
방카드 주세요.	**请给我你的房卡。** [Qǐng gěi wǒ nǐ de fángkǎ 칭 게이 워 니 더 팡카]
잠시만 기다리세요, 제가 확인할게요.	**您稍等，我确认一下。** [Nín shāoděng, wǒ quèrèn yíxià 닌 샤오 떵, 워 취에런 이시아]

어휘
플러스

登记住宿[dēngjì zhùxiǔ 떵지 쭈시우]	체크인
退房[tuìfáng 투이팡]	체크아웃
商务中心[shāngwù zhōngxīn 샹우 쭝신]	비즈니스센터
标准间[biāozhǔnjiān 삐아오쭌지엔]	스탠드 룸
高级房[gāojífáng 까오지팡]	고급 룸
豪华房[háohuáfáng 하오화팡]	디럭스 룸
高级双人房 [gāojí shuāngrénfáng 가오지 슈앙런팡]	디럭스 트윈 룸
套间[tàojiān 타오지엔]	스위트
别墅[biéshù 비에슈]	빌라
商务套间[shāngwù tàojiān 샹우 타오지엔]	비즈니스 룸
阳台房[yángtáifáng 양타이팡]	테라스 룸
家庭间[jiātíngjiān 지아팅지엔]	패밀리 룸
大床间[dàchuángjiān 따츄앙지엔]	더블 룸
加床[jiāchuáng 지아츄앙]	엑스트라 침대
押金单[yājīndān 야진딴]	보증금 영수증
寄存[jìcún 지춘]	(물건을) 맡겨 두다, 보관하다
签名[qiānmíng 치엔밍]	사인하다
发票[fāpiào 파피아오]	영수증
结帐[jiézhàng 지에쟝]	결제하다
房费[fángfèi 팡페이]	숙박료
优惠[yōuhuì 여우후이]	우대하다

중국이 궁금해

숙박시설의 종류

외국인이 머물 수 있는 숙소는 세 가지로 나눌 수가 있다.

다인실 도미토리가 있는 유스호스텔, 중저가 체인 숙소, 호텔이 있다.
유스호스텔 같은 경우는 혼자 여행을 하는 여행자들이 저렴하게 이용할 수 있는 곳으로 도미토리는 4-10인실까지 다양하고 충전을 할 수 있는 콘센트도 구비가 되어 있어서 잠만 자는 여행자에게는 나쁘지 않은 조건이다. 또한 무료로 와이파이도 자유롭게 사용할 수 있다.
YHA차이나 www.yhachina.com
호스텔 www.hostelcn.com

중저가 체인 숙소의 경우는 일행이 2명일 때 유용하게 사용할 수 있다. 객실에서 자유롭게 무료 와이파이를 사용할 수 있다. 대표적인 숙소는 다음과 같다.
홈인 www.homeinns.com
금강지성 www.jinjianginns.com
세븐데이즈 인 www.7daysinn.cn

4

관광·쇼핑

마트, 백화점 이용하기

가격 흥정하기

기차예약하기

마사지 받기

服务员

이것은 품질도 좋고, 가격도 좋습니다. 한 번 입어 보세요.

这个质量也好，价格也好，您试一下。

Zhège zhìliàng yě hǎo, jiàgé yě hǎo, nín shì yíxià

쩌거 즈리앙 이에 하오, 지아거 이에 하오, 닌 스 이시아

利安

가격이 얼마죠?

价格是多少？

Jiàgé shì duōshao

지아거 스 뚜어샤오

服务员

500위안이고, 원하시면 제가 깎아 드릴 수 있습니다.

500块，您要可以给您便宜一点儿。

Wǔ bǎi kuài, nín yào kěyǐ gěi nín piányi yìdiǎnr

우 바이 쿠와이, 닌 이야오 커이 게이 닌 피엔이 이디얼

利安

이쪽이 저쪽보다 10위안이 더 비싼 것 같아요.

这边好像比那边贵10块钱。

Zhèbian hǎoxiàng bǐ nàbian guì shí kuài qián

쩌비엔 하오시앙 비 나비엔 꾸이 스 쿠와이 치엔

服务员

가격만 보시지 마시고, 품질도 보셔야 해요.

不能光看价格，也要看质量。

Bùnéng guāng kàn jiàgé, yě yào kàn zhìliàng

뿌넝 꾸왕 칸 지아거, 이에 이야오 칸 즈리앙

利安

제 생각에는 다른 것이 없는 것 같아요.

我觉得没有什么不同。

Wǒ juéde méiyou shénme bù tóng

워 쥐에더 메이여우 션머 뿌 통

다른 가게를 가서 문의를 한다

利安

이 옷 작은 사이즈 있나요?

这件衣服有小号儿吗？

Zhè jiàn yīfu yǒu xiǎo hàor ma

쩌 지엔 이푸 여우 시아오 할 마

服务员

죄송합니다, 지금 제품이 없습니다.

不好意思，现在没有货了。

Bùhǎoyìsi, xiànzài méiyou huò le

뿌하오이쓰, 시엔짜이 메이여우 후어 러

利安

그럼 언제 들어오죠?

那什么时候能进货呢？

Nà shénmeshíhou néng jìnhuò ne

나 션머스호우 넝 진후어 너

服务员

아마도 다음 주 화요일이요, 그때 다시 오세요.

大约下个星期二，您到时候再来吧。

Dàyuē xià ge xīngqīèr, nín dào shíhou zài lái ba

따위에 시아 거 싱치얼, 닌 따오 스호우 짜이 라이 마

质量[zhìliàng 즈리앙] 품질

价格[jiàgé 지아거] 가격

好像[hǎoxiàng 하오시앙] 인 것 같다

衣服[yīfu 이푸] 옷

货[huò 후어] 물건

중국의 3대 대형마트

大润发(따룬파)는 대만계의 대형할인매장으로 중국에서 외국계 대형할인매장인 월마트, 까르프를 제치고 중국 소비자들에게 가장 인기 있는 대형할인매장으로 자리를 잡았다.

华润万家(화룬완지아)는 1984년에 설립이 되어 중국에서 가장 오래된 대형할인마트이다. 2016년 기준으로 1035억 위안이 넘으며, 2014년에는 TESCO와 합병을 했다. 중국 29개의 성과 자치구, 특별행정구를 포함해 241개 도시에 입점이 되었으며, 직원도 25만 명이나 된다.

红旗连锁(홍치리엔수어)는 2000년에 설립이 되어 칭다오지역의 할인매장이다. 칭다오 지역에만 2017년 기준 1,200여 개의 매장이 입점했으며 칭다오 지역의 마스코트 역할도 하고 있다. 중국 로컬 할인매장뿐만 아니라 외국계 할인매장도 중국에서 인기가 많은데 대도시에서 가장 눈에 많이 띄는 곳은 家乐福(까르프)와 沃尔玛(월마트)이며, 중국식에 맞게 지속적으로 변화를 주고 있다.

유용한 회화 표현

13-2.mp3

흰색은 다 팔렸습니다.	白色的都卖完了。 [Báisè de dōu mài wán le 바이써 더 또우 마이 완 러]
실례합니다, (영수증을 가리키며) 여기 뭔가 잘못된 것 같습니다.	打扰一下，这张小票好像有问题。 [Dǎrǎo yíxià, zhè zhāng xiǎopiào hǎoxiàng yǒu wèntí 따라오 이시아, 쩌 장 시아오피아오 하오시앙 여우 원티]
다른 곳 좀 보고 다시 올게요.	我去别的地方看看再过来。 [Wǒ qù bié de dìfang kànkan zài guòlái 워 취 비에 더 띠팡 칸칸 짜이 꾸어라이]
이 물건을 교환하고 싶습니다.	这个东西我想换一下。 [Zhège dōngxi wǒ xiǎng huàn yíxià 쩌거 똥시 워 시앙 후안 이시아]
이 물건을 환불하고 싶습니다.	这个东西我想退。 [Zhège dōngxi wǒ xiǎng tuì 쩌거 똥시 워 시앙 투이]
이 블라우스가 저에게 맞지 않습니다.	这个衬衫不适合我穿。 [Zhège chènshān bú shìhé wǒ chuān 쩌거 쳔샨 부 스흐어 워 추안]
이 빵에 곰팡이가 피었습니다.	这个面包发霉了。 [Zhège miànbāo fāméi le 쩌거 미엔빠오 파메이 러]
이 병에 금이 갔습니다.	这个瓶子裂缝了。 [Zhège píngzi lièféng le 쩌거 핑즈 리에펑 러]
우유는 오늘 할인 품목입니다.	牛奶今天特价。 [Niúnǎi jīntiān tèjià 니우나이 진티엔 트어지아]
이 집 좋아요, 맛있고, 가격도 좋아요.	这家不错，看上去很好吃，价格也好。 [Zhè jiā búcuò, kàn shàngqù hěn hǎochī, jiàgé yě hǎo 쩌 지아 부추어, 칸 샹취 헌 하오츠, 지아거 이에 하오]

어휘 플러스

蔬菜[shūcài 슈차이]	야채
零食[língshí 링스]	간식
会员卡[huìyuánkǎ 후이위엔카]	회원카드
购物蓝[gòuwù lán 꼬우우 라]	쇼핑 바구니
购物车[gòuwù chē 꼬우우 쳐]	쇼핑 카트
糕点[gāodiǎn 까오디엔]	간식거리
肉类[ròulèi 로우레이]	육류
水产[shuǐchǎn 슈이챤]	수산물
水果[shuǐguǒ 슈이구어]	과일
试吃品[shìchīpǐn 스츠핀]	시식품
冷冻食品[lěngdòng shípǐn 렁똥 스핀]	냉동식품
收银台[shōuyíntái 쇼우인타이]	계산대
清洁用品[qīngjié yòngpǐn 칭지에 용핀]	청결용품
饮料[yǐnliào 인리아오]	음료
罐头食品[guàntóu shípǐn 꾸안토우 스핀]	통조림 식품
乳制品[rǔzhìpǐn 루즈핀]	유제품
服务台[fúwùtái 푸우타이]	카운터
扫描器[sǎomiáoqì 사오미아오치]	스캐너

중국이 궁금해

위챗, 알리페이

중국을 가면 이제는 현금을 사용하는 경우를 보는 것이 오히려 낯설다라고 표현할 수 있다. 중국에서 생활을 하기 위해서는 결제 어플로 유명한 알리페이(支付宝) 중국의 카카오톡이라고 불리는 위챗(微信)은 필수조건이 되었다. 중국은 QR코드 결제시스템이 널리 보급이 되어서 마트뿐만 아니라 길거리 음식을 파는 곳에서도 QR코드로 결제를 하는 것이 일상화가 되었다.

알리페이를 이용하기 위해서는 중국 내 은행에서 발급받은 카드로 등록을 해야 하는데, 중국 여행객들도 중국 은행 계좌, 여권번호가 있으면 이용이 가능하지만 일부 은행에서는 외국인 여권 번호 지원을 하지 않는 경우가 많으니 잘 알아봐야 한다. 알리페이로 결제하는 방법은 두 가지로 나눌 수가 있는데 스스로 QR코드를 스캔해서 금액을 입력하고 결제하는 Scan 방법과 가게의 카드스캐너가 QR코드를 찍어서 자동 결제하는 Pay 방법이 있다.

위챗은 중국의 카카오톡이라고 불리는 것으로 대부분의 중국인들이 사용한다고 보면 된다. 위챗 역시 결제 서비스를 제공하고 있다. 위챗으로 음식 주문이 가능하다. 모든 음식점이 보급이 된 것은 아니지만 식당에 가면 테이블에 QR코드가 있어서 스캔 후 프로그램에 따라 음식을 주문할 수 있다.

利安
이 옷 가장 싸게 얼마까지 가능하나요?
这件衣服最便宜能给到多少？
Zhè jiàn yīfu zuì piányi néng gěi dào duōshao
쩌 지엔 이푸 쭈이 피엔이 넝 게이 따오 뚜어샤오

服务员
300위안에 드릴게요.
给300块吧。
Gěi sān bǎi kuài ba
게이 싼 바이 쿠와이 바

利安
여전히 좀 비싼 것 같아요.
还是觉得有点儿贵。
Háishi juéde yǒudiǎnr guì
하이스 쥐에더 여우디얼 꾸이

服务员
이 옷 품질도 좋고, 편안해요,
300위안이면 이미 비싼 것이 아니에요.
这件衣服质量好，又舒服，
Zhè jiàn yīfu zhìliàng hǎo, yòu shūfu,
쩌 지엔 이푸 즈리앙 하오, 여우 슈푸,
300块已经不贵了。
sān bǎi kuài yǐjīng bú guì le
싼 바이 쿠와이 이징 부 꾸이 러

利安
현금으로 사면 더 할인이 되나요?
用现金买会再便宜一些吗？
Yòng xiànjīn mǎi huì zài piányi yìxiē ma
용 시엔진 마이 후이 짜이 피엔이 이시에 마

服务员

현금으로 사면 20위안 싸게 해드립니다.

用现金会便宜20块。

Yòng xiànjīn huì piányi èrshí kuài

용 시엔진 후이 피엔이 얼스 쿠와이

利安

영수증 주세요.

请给我发票。

Qǐng gěi wǒ fāpiào

칭 게이 워 파피아오

服务员

알겠습니다.

好的。

Hǎo de

하오 더

舒服[shūfu 슈푸] 편안하다

现金[xiànjīn 시엔진] 현금

发票[fāpiào 파피아오] 영수증

생생 여행 *Tip*

• 베이징의 짝퉁시장

중국에서 짝퉁시장을 샨짜이(山寨)라고 하는데 원래 울타리가 처진 산간마을을 위미한다. 산적들이 머무는 소굴이라는 뜻이다. 최근 의미가 확장되면서 강한 모방성과 신속성을 갖춘 저렴한 생산체계를 뜻하는 말로 쓰이고 있다. 최근에는 전자산업이 발달한 중국의 광둥 지역에서 생산된 모조품 휴대전화를 샨짜이 휴대전화라고 부른 데서 유래해 '중국산 모조품'을 뜻하는 말로 통용하고 있다.

베이징에서 유명한 짝퉁시장은 시우수이지에(秀水街)로 자하철 1호선 용안리(永安里)역 A출구로 나오면 연결되는 통로가 있다. 총 8층으로 이루어진 건물로 각 층마다 판매하는 상품이 다르기 때문에 기호에 맞게 구경을 하면 된다. 물건을 살 때 가장 중요한 것은 가격 흥정인데 부르는 가격에 반으로 샀다고 좋아해서는 안되고, 부르는 가격의 10%를 말하고 점원의 눈치를 봐야 한다. 분위기를 보고 다른 곳으로 이동하려고 하면 부르면서 분명히 가격은 계속 내려가게 된다. 10%의 가격을 말했기 때문에 잡지 않는다면 다른 가게로 이동하면서 조금씩 올리면서 가격을 확인하는 것도 하나의 Tip이 될 수 있으며 가게를 떠날 때는 미련 없이 뒤도 돌아보지 않는 것도 또 하나의 Tip이 될 수 있다. 널린 것이 비슷한 짝퉁가게이기 때문에 갑의 위치에서 물건을 흥정하는 것도 여행의 묘미가 될 것이다.

유용한 회화 표현

14-2.mp3

얼마에요?	多少钱? [Duōshao qián 뚜어샤오 치엔]
더 깎아줄 수 있나요?	能不能再便宜一点儿？ [Néngbunéng zài piányi yìdiǎnr 넝뿌넝 짜이 피엔이 이디얼]
더 이상 깎아 줄 수 없습니다.	不能再便宜了。 [Bùnéng zài piányi le 뿌넝 짜이 피엔이 러]
제품이 좋다고 소개받고 찾아왔어요.	我听说产品不错, 就找来了。 [Wǒ tīngshuō chǎnpǐn búcuò, jiù zhǎo lái le 워 팅슈어 찬핀 부추어, 지우 짜오 라이 러]
가장 인기있는 물건이 무엇인가요?	你们这里最受欢迎的东西是什么？ [Nǐmen zhèli zuì shòu huānyíng de dōngxi shì shénme 니먼 쩌리 쭈이 쇼우 후안잉 더 똥시 스 션머]
이곳에 할인하는 제품이 있나요?	请问这里有打折的产品吗？ [Qǐngwèn zhèli yǒu dǎzhé de chǎnpǐn ma 칭원 쩌리 여우 따져 더 찬핀 마]
작년 디자인은 할인중입니다.	去年的款式都在打折。 [Qùnián de kuǎnshì dōu zài dǎzhé 취니엔 더 쿠안스 또우 짜이 따져]
이곳은 30% 할인이고, 저곳은 50% 할인입니다.	这里的都是打7折, 那边的打5折。 [Zhèli de dōushì dǎ qī zhé, nàbian de dǎ wǔ zhé 쩌리 더 또우스 따 치 져, 나비엔 더 따 우 져]
저거 보여주시겠어요?	可以让我看看这个东西吗? [Kěyǐ ràng wǒ kànkan zhège dōngxi ma 커이 랑 워 칸칸 쩌거 똥시 마]
제가 입어 봐도 될까요?	我可以试穿吗? [Wǒ kěyǐ shìchuān ma 워 커이 스추안 마]
저쪽이 탈의실입니다.	那边有试衣间。 [Nàbian yǒu shìyījiān 나비엔 여우 스이지에]
작은 사이즈 있나요?	有没有小号儿的？ [Yǒuméiyou xiǎo hàor de 여우메이여우 시아오 할 더]
다른 디자인으로 보여주시겠어요?	可以给我看一下别的款式吗？ [Kěyǐ gěi wǒ kàn yíxià bié de kuǎnshì ma 커이 게이 워 칸 이시아 비에 더 쿠안스 마]
몇 개사면 깎아주시나요?	多买几个会便宜吗？ [Duō mǎi jǐ ge huì piányi ma 뚜어 마이 지 거 후이 피엔이 마]

어휘
플러스

家用电器[jiāyòng diànqì 지아용 띠엔치]	가전제품
领带[lǐngdài 링따이]	넥타이
手套[shǒutào 쇼우타오]	장갑
伞[sǎn 싼]	우산
围巾[wéijīn 웨이진]	목도리
太阳镜[tàiyángjìng 타이양징]	선글라스
床上用品[chuángshàng yòngpǐn 츄앙샹 용핀]	침구
化妆品[huàzhuāngpǐn 화쮸앙핀]	화장품
珠宝首饰[zhūbǎo shǒushì 쮸빠오 쇼우스]	장신구
胸针[xiōngzhēn 시옹쩐]	브로치
女装[nǚzhuāng 뉘쭈앙]	여성의류
手表[shǒubiǎo 쇼우비아오]	손목시계
项链[xiàngliàn 시앙리엔]	목걸이
耳环[ěrhuán 얼후안]	귀걸이
手镯[shǒuzhuó 쇼우쮸어]	팔찌
戒指[jièzhi 지에즈]	반지
皮包[píbāo 피빠오]	핸드백
高跟鞋[gāogēnxié 까오껀시에]	하이힐
凉鞋[liángxié 리앙시에]	샌들
童装[tóngzhuāng 통쭈앙]	아동복

중국이 궁금해

가격 흥정이 의미하는 것

우리가 중국 짝퉁시장에서 물건을 살 때 터무니 없는 높은 가격을 제시했을 때 당황스러운 것은 우리가 중국사람을 이해하지 못하는데서 비롯된다고 할 수 있다. 한국사람이 생각하는 흥정의 의미와 중국사람이 생각하는 흥정의 의미는 다르다. 중국에서 흥정은 선택이 아니고 필수조건이다. 한국에서는 흥정이라는 것이 재미있고 즐겁게 물건을 산다는 낭만적 요소가 담겨있다. '싸움은 말리고 흥정은 붙여라'라는 말처럼 말이다.

중국에서는 흥정이라는 의미가 서로 가격을 토의하여 원래의 가격으로 되돌란다는 의미를 가지고 있다. 중국에서는 상인이 자기가 받고 싶은 최고의 가격을 제시하면 손님은 주인이 말하는 가격은 나를 속이는 가격이라고 받아들이고 자신이 원하는 가격을 다시 제시한다. 이렇듯 서로 토의하고 연구하여 상품의 원래 가격으로 되돌리는 일이 바로 중국의 흥정이다. 중국사람은 아주 작은 물건을 거래하더라도 진지하고 치열하게 상의하여 최종 가격을 결정하는 것이다. 만약에 중국에서 물건을 사고 비싸게 샀다면 중국식 흥정 과정을 거치지 않았기 때문일 것이다.
혹시라도 중국사람에게 속은 적이 있거나 나중에 속게 된다면 중국 사람을 탓하지 말고 그들의 문화를 이해가 필요한데 중국 어머니가 자식을 키우면서 자주 하는 말이 '남에게 속지 마라'라는 그 가르침을 기억해야 할 것이다.

기차예약하기

利安

안녕하세요, 내일 티엔진으로 가는 기차표를 예약하고 싶습니다.

你好，我想订一张去天津的火车票。

Nǐ hǎo, wǒ xiǎng dìng yì zhāng qù Tiānjīn de huǒchēpiào

니 하오, 워 시앙 띵 이 쟝 취 티엔진 더 후어쳐피아오

售票员

몇 시에 가려고 하시나요?

您想坐几点的？

Nín xiǎng zuò jǐ diǎn de

닌 시앙 쭈어 지 디엔 더

利安

오전 열 시요.

上午十点。

Shàngwǔ shí diǎn

샹우 스 디엔

售票员

몇 분이죠?

几位？

Jǐ wèi

지 웨이

利安

두 명입니다.

两位。

Liǎng wèi

리앙 웨이

售票员

편도이신가요?

是单程吗？

Shì dānchéng ma

스 딴청 마

利安

아니요, 왕복으로 하겠습니다.

不是，要往返票。

Búshì, yào wǎngfǎnpiào

부스, 이야오 왕판피아오

售票员

왕복으로 구매하시면 할인이 가능합니다.

如果买往返，有打折。

Rúguǒ mǎi wǎngfǎn, yǒu dǎzhé

루구어 마이 왕판, 여우 따저

利安

얼마나 할인이 되나요?

打几折呢？

Dǎ jǐ zhé ne

따 지 저 너

售票员

총25위안 할인이 됩니다. 예약 진행하겠습니다.

共优惠25元，继续订票吗？

Gòng yōuhuì èrshíwǔ yuán, jìxù dìngpiào ma

꽁 여우후이 얼스우 위엔, 지쉬 띵피아오 마

利安

그렇게 해주세요. 감사합니다.

好的，谢谢。

Hǎo de, xièxie

하오 더, 시에시에

订[dìng 띵] 예약하다

单程[dānchéng 딴청] 편도

打折[dǎzhé 따저] 할인하다

火车票[huǒchēpiào 후어처피아오] 기차표

往返[wǎngfǎn 왕판] 왕복

继续[jìxù 지쉬] 계속하다

생생 여행 Tip

• 기차역 매표소에서 구매

실제로 기차역으로 가서 티켓을 구매를 하는 방법이다. 외국인이라면 여권이 필요한데 매표소(售票处)에서 가서 售票라고 적혀있는 창구에 가야 한다. 외국인은 여권을 제시하여야 하기 때문에 자동판매기로는 표 구매가 불가능하기 때문이다. 직원이 근무하는 매표소를 가셔야 티켓을 구매할 수 있다. 중국어를 못할 경우에는 가고자 하는 목적지와 시간, 필요한 티켓 수, 좌석 종류를 적은 것을 보여주면 된다. 기차역마다 차이가 있을 수 있지만 대부분의 기차역에서 직원이 있기 때문에 24시간 이용가능하다.

사전에 예약을 하려고 한다면 앞에서 소개한 씨트립의 어플을 이용하여 예약이 가능하다. 인터넷으로 구매를 하면 티켓은 기차역에 가서 예약번호와 여권을 창구에서 제시해야 티켓을 받으실 수가 있다. 인터넷을 이용해서 구매를 할 경우 가장 큰 장점은 내가 원하는 시간에 원하는 좌석을 천천히 둘러보며 선택할 수 있다는 장점이 있다.

유용한 회화 표현

15-2.mp3

총칭으로 가는 가장 빠른 열차가 언제 있나요?	**现在去重庆最早的火车是什么时候？** [Xiànzài qù Chóngqìng zuì zǎo de huǒchē shì shénmeshíhou 시엔짜이 취 총칭 쭈이 자오 더 후어쳐 스 션머스호우]
막차는 몇 시인가요?	**末班车是几点？** [Mòbānchē shì jǐ diǎn 모어빤쳐 스 지 디엔]
기차가 완전히 만석입니다.	**火车没有座位了。** [Huǒchē méiyou zuòwèi le 후어쳐 메이여우 쭈어웨이 러]
학생 할인이 있나요?	**学生有优惠吗？** [Xuésheng yǒu yōuhuì ma 쉬에셩 여우 여우후이 마]
며칠 전에 예약이 가능한가요?	**几天前开始预售？** [Jǐ tiān qián kāishǐ yùshòu 지 티엔 치엔 카이스 위쇼우]
취소하면 별도의 수수료가 있나요?	**取消的话另收手续费吗？** [Qǔxiāo de huà lìng shōu shǒuxùfèi ma 취시아오 더 화 링 쇼우 쇼우쉬페이 마]
어른 두 명과 아이 한 명입니다.	**两个大人一个孩子。** [Liǎng ge dàrén yí ge háizi 리앙 거 따런 이 거 하이즈]
좌석 하나를 예약하고 싶습니다.	**我想订一张坐票。** [Wǒ xiǎng dìng yì zhāng zuò piào 워 시앙 띵 이 장 쭈어 피아오]
복도에 빈 좌석이 하나 있나요?	**过道有空座吗？** [Guòdào yǒu kōng zuò ma 꾸어따오 여우 콩 쭈어 마]
여기 비었나요 아니면 사람 있나요?	**这是空座还是有人？** [Zhè shì kōng zuò háishi yǒu rén 쩌 스 콩 쭈어 하이스 여우 런]
기차 안에 식당이 있나요?	**火车里有餐厅吗？** [Huǒchē li yǒu cāntīng ma 후어쳐 리 여우 찬팅 마]

어휘 플러스

车次号[chēcìhào 쳐츠하오]	열차번호
始发站[shǐfāzhàn 스파짠]	출발역
出发时间[chūfā shíjiān 츄파 스지엔]	출발시간
终点站[zhōngdiǎnzhàn 쭝디엔짠]	종착역
到达时间[dàodá shíjiān 따오따 스지엔]	도착시간
动车[dòngchē 똥쳐]	일반 고속열차
高铁[gāotiě 까오티에]	장거리 고속열차
特快[tèkuài 트어쿠와이]	특급열차
直快[zhíkuài 즈쿠와이]	직행열차
慢车[mànchē 만쳐]	완행열차
软卧[ruǎnwò 루안워]	일등 침대칸
软座[ruǎnzuò 루안쭈어]	일등석
硬卧[yìngwò 잉워]	일반 침대칸
硬座[yìngzuò 잉쭈어]	일반석
上铺[shàngpù 샹푸]	침대칸 윗층
下铺[xiàpù 시아푸]	침대칸 아래층
站票[zhànpiào 짠피아오]	입석표
站台[zhàntái 짠타이]	플랫폼
检票口[jiǎnpiàokǒu 지엔피아오코우]	개찰구
时刻表[shíkèbiǎo 스커비아오]	시간표
行李架[xínglijià 싱리지아]	짐칸

중국이 궁금해

기차종류

국토 면적이 넓고, 인구가 많은 중국에서는 기차를 통해 이동하는 사람들이 정말 많고, 기차 시스템이 매우 잘 발달해 있다. 기차역이 공항보다 더 발달해 있기도 하고, 기차의 종류와 좌석도 정말 다양하다. 중국의 기차 좌석은 크게 딱딱한 의자(硬座), 딱딱한 침대(硬卧), 푹신한 침대(软卧), 입석(无座)가 있다.

G 열차: 高铁动车[gāotiě dòngchē]

고속철도인 우리나라의 KTX와 같다고 보면 된다. 최고 속도가 시속 350킬로미터에 이르는 가장 빠르고 편안한 기차이다. 장거리 노선이 발달한 G 열차는 항공권보다 더 비싼 경우도 많을 만큼 가격이 가장 비싼 편에 속한다.

C 열차: 城际动车[chéngjì dòngchē]

G 열차 함께 시간당 최고 속도가 시속 350킬로미터로 제일 빠른 열차이자 단거리 노선이 많다. C 열차는 우리나라의 ITX-새마을호와 비슷하다고 보면 된다. G 열차보다 가격도 저렴하고, 깨끗하며 빠르게 이용할 수 있는 C 열차! 중국 여행 시에 단거리를 이동하실 때 타면 좋다.

D 열차: 动车[dòngchē]

G, C만큼 빠르지는 않지만, 최고 속도가 시속 250킬로미터에 이르고, G 열차보다 30~50% 정도 저렴하다.

일반 열차: Z/T/K

1 Z열차: 直达特快[zhídá tèkuài]

Z열차는 최고 속도가 시속 160킬로미터에 이르는 열차이다. 중요한 역을 중심으로 정차한다.

2 T 열차: 特快[tèkuài]

T 열차는 최대 시속 140킬로미터로 대도시나 성도에만 정차하는 기차이다. 다른 일반 열차와 같이 짧게는 24시간, 길게는 72시간 이상의 장거리 노선을 운행한다.

K 열차: 快车[kuàichē]

K 열차는 시속 120킬로미터로 달리는 열차이다. 많은 역에 정차하고, 속도가 느리기 때문에 목직지까지 가는 시간이 다른 일반 열차에 비해 긴 편이다.

보통 열차 : L/Y/숫자

보통열차는 L(특별한 기념일에 운행하는 임시 열차), Y, 그리고 숫자로 시작하는 열차가 있다. 모든 역에 정차하고, 속도가 아주 느리다. 앞서 설명한 다른 열차에 비해 시설이 크게 열악하다.

마사지 받기

利安 이곳에 어떤 종류의 마사지가 있나요?

请问, 这里有哪几种按摩？

Qǐngwèn, zhèli yǒu nǎ jǐ zhǒng ànmó

칭원, 쩌리 여우 나 지 쭝 안모어

服务员 전신마사지와 발마사지가 있습니다.

有全身按摩和足部按摩。

Yǒu quánshēn ànmó hé zúbù ànmó

여우 취엔션 안모어 흐어 주뿌 안모어

利安 그럼 우선 발마사지부터 할게요.

那我先来个足部按摩吧。

Nà wǒ xiān lái ge zúbù ànmó ba

나 워 시엔 라이 거 주뿌 안모어 바

服务员 알겠습니다, 이쪽으로 오세요.

好的, 这边请。

Hǎo de, zhèbian qǐng

하오 더, 쩌비엔 칭

服务员 이 정도 세기 괜찮나요?

这个力度可以吗？

Zhège lìdù kěyǐ ma

쩌거 리뚜 커이 마

利安 괜찮아요, 아프지 않아요, 좀 만 더 세게 해주세요.

没关系, 不疼, 请再用点儿劲儿。

Méi guānxi, bù téng, qǐng zài yòng diǎnr jìnr

메이 꾸안시, 뿌 텅, 칭 짜이 용 디얼 지얼

服务员

알겠습니다, 이렇게 괜찮아요?

好的，这样可以吗？

Hǎo de, zhèyàng kěyǐ ma

하오 더, 쩌이양 커이 마

利安

괜찮아요, 이 세기가 딱 좋네요.

可以，这个力度正合适。

Kěyǐ, zhège lìdù zhèng héshì

커이, 쩌거 리뚜 쩡 흐어스

按摩[ànmó 안모어] 안마

足部[zúbù 주뿌] 다리쪽

合适[héshì 흐어스] 알맞다

全身[quánshēn 취엔션] 전신

力度[lìdù 리뚜] 세기

생생 여행

Tip

• 중국에서 마사지 받기

중국하면 마사지가 떠오를 정도로 중국은 마사지가 유명하다.

베이징에는 이윤당(颐润堂)이 있다면 상하이에는 도원향(桃源乡)이 있다.

베이징 이윤당 본점은 望京南湖西圆银领国际123号 (010-6474-6618)

상하이 도원향 본점은 南京东路479号 (021-6322-6883)

지하철 2호선 남경동주역에서 하차 후 1번 출구로 나온 다음 오른쪽으로 500m 오시면 됩니다.

비교적 규모가 큰 마사지 샵을 가면 카운터에 옆쪽으로 이력과 함께 사람들 사진이 걸려있다. 추천하는 사람에게 마사지를 받으면 추가 비용을 내기 때문에 잘 선택하여 해야 한다.

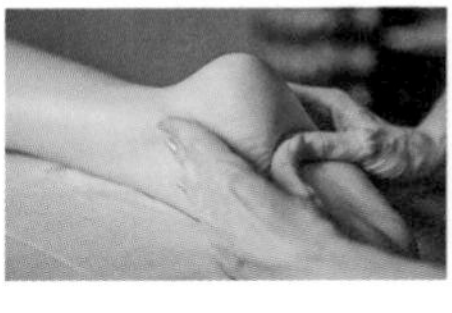

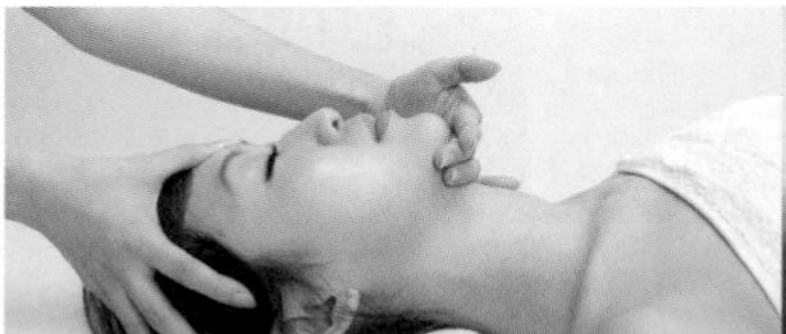

유용한 회화 표현

16-2.mp3

발을 집중적으로 마사지 해주세요.	请重点做一下足部按摩。 [Qǐng zhòngdiǎn zuò yíxià zúbù ànmó 칭 쭝디엔 쭈어 이시아 주뿌 안모어]
제가 어깨랑 목이 많이 좋지 않아요.	我的肩膀和脖子很不好。 [Wǒ de jiānbǎng hé bózi hěn bù hǎo 워 더 지엔빵 흐어 뽀어즈 헌 뿌 하오]
제가 최근에 어깨가 특히 아팠어요.	我最近肩膀特别疼。 [Wǒ zuìjìn jiānbǎng tèbié téng 워 쭈이진 지엔빵 트어비에 텅]
1시간 더 추가로 마사지 받을게요.	我要多加一小时按摩。 [Wǒ yào duō jiā yì xiǎoshí ànmó 워 이야오 뚜어 지아 이 시아오스 안모어]
각질 제거해주세요.	请给我去角质。 [Qǐng gěi wǒ qù jiǎozhì 칭 게이 워 취 지아오즈]
좀 아파요, 약하게 해주세요.	有点儿疼, 请轻一点儿。 [Yǒudiǎnr téng, qǐng qīng yìdiǎnr 여우디얼 텅, 칭 칭 이디얼]
우선 발마사지 받아보고 다시 결정할게요.	我先试一下足部按摩再决定。 [Wǒ xiān shì yíxià zúbù ànmó zài juédìng 워 시엔 스 이시아 주뿌 안모어 짜이 쥐에띵]
전신마사지로 할게요.	我要全身按摩。 [Wǒ yào quánshēn ànmó 워 이야오 취엔션 안모어]
발마사지로 할게요.	我要足部按摩。 [Wǒ yào zúbù ànmó 워 이야오 주뿌 안모어]
또 다른 마사지가 필요하시나요?	还需要其他按摩吗？ [Hái xūyào qítā ànmó ma 하이 쉬이야오 치타 안모어 마]
전신마사지도 좋습니다, 한번 해보시겠어요?	我们的全身按摩也不错, 您需要尝试一下吗？ [Wǒmen de quánshēn ànmó yě búcuò, nín xūyào chángshì yíxià ma 워먼 더 취엔션 안모어 이에 부추어, 닌 쉬이야오 챵스 이시아 마]
전신마사지는 제가 다음에 받아볼게요.	全身按摩我下次再尝试吧。 [Quánshēn ànmó wǒ xiàcì zài chángshì ba 취엔션 안모어 워 시아츠 짜이 챵스 바]

어휘 플러스

肌肉[jīròu 지로우]	근육
关节[guānjié 꾸안지에]	관절
压力[yālì 야리]	스트레스
脚[jiǎo 지아오]	발
头[tóu 토우]	머리
劳损[láosǔn 라오순]	과로로 심신이 지치다
油[yóu 여우]	오일
治疗[zhìliáo 즈리아오]	치료하다
改善[gǎishàn 까이샨]	개선하다
血液循环[xuèyè xúnhuán 쉬에이에 쉰후안]	혈액 순환
足疗[zúliáo 주리아오]	발마사지
皱纹[zhòuwén 쪼우원]	주름
颈项[jǐngxiàng 징시앙]	목
肩膀[jiānbǎng 지엔빵]	어깨
腰[yāo 이야오]	허리
酸疼[suānténg 수안텅]	쑤시다
重[zhòng 쭝]	세다
轻[qīng 칭]	가볍다
清理角质 [qīnglǐ jiǎozhì 칭리 지아오즈]	각질정리

중국이 궁금해

마사지 종류

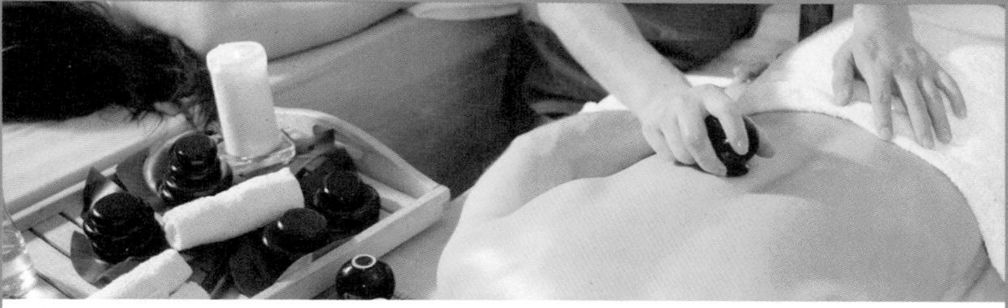

마사지 종류를 나누면 총 3가지로 분류할 수 있다.
중국식 마사지(中式按摩)에서 있어서 가장 중요한 것은 중국은 음양의 조화를 중시하기 때문에 보통 남자는 여자 안마사가, 여자는 남자 안마사가 한다. 물론 선택도 가능하다.

첫 번째로 아로마 마사지(精由开背)이다. 전신 마사지와 비슷하다고 생각하면 되는데, 오일의 사용유무 차이이다.
두 번째로 발마사지(足浴)이다. 큰 나무로 된 통에 온갖 꽃잎을 가득 채운 뜨거운 물을 가져다주고, 일단 발을 넣고 담그고 일정한 시간이 되면 마사지가 시작된다. 발에 묻은 물기를 닦아내고, 발 크림을 바르고 한쪽 발에는 수건으로 감아두고 번걸아 가며 한쪽 발 마사지를 시작한다.
세 번째로 전신마사지(全身按摩)이다. 뭉친 근육을 풀어주거나 몸이 자주 불편한 곳을 중점적으로 풀어준다.

마사지 이외에도 각질제거 혹은 발 관리도 받게 되는데 각질 제거 전문가가 따로 있다. 헤드라이트가 달린 헤어밴드를 머리에 쓰고 어두운 방으로 들어와서 연장통에서 각 종류별 나이프를 꺼내 각질을 제거하기도 한다. 물론 추가 비용이 든다. 각질제거 외에도 귀청소도 가능하다. 헤드라이트가 달린 헤어밴드를 쓰고 귀안에 있는 먼저 귀지 제거를 하는데 사뭇 진지하다.

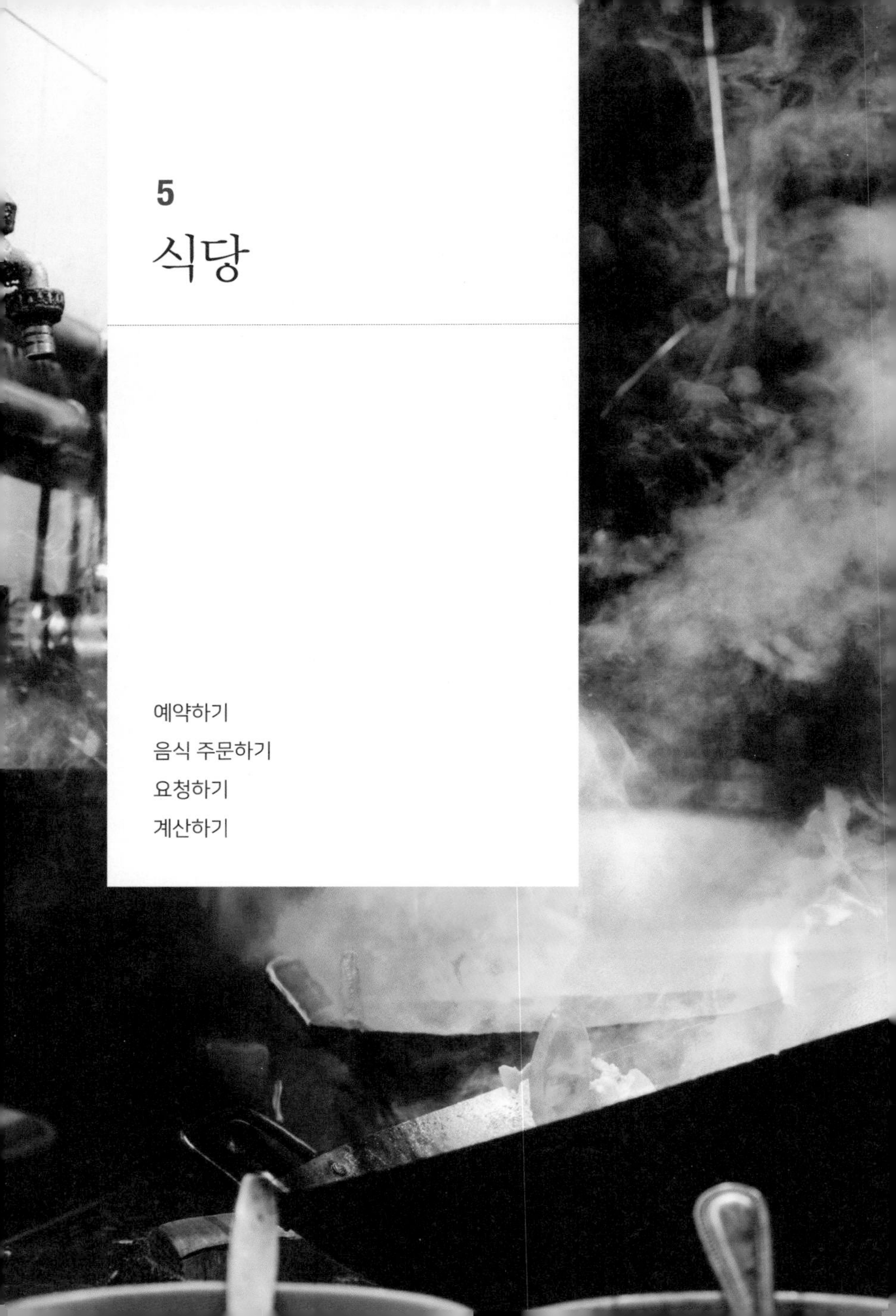

5
식당

예약하기

음식 주문하기

요청하기

계산하기

利安

안녕하세요, 오늘 저녁 한 자리 예약하고 싶습니다.

你好，我想预订今天晚上的餐位。

Nǐ hǎo, wǒ xiǎng yùdìng jīntiān wǎnshang de cānwèi

니 하오, 워 시앙 위띵 진티엔 완샹 더 찬웨이

服务员

물론입니다, 몇 시에 오실건가요?

当然可以，客人几点到？

Dāngrán kěyǐ, kèrén jǐ diǎn dào

땅란 커이, 커런 지 디엔 따오

利安

저녁 7시요.

晚上七点。

Wǎnshang qī diǎn

완샹 치 디엔

服务员

총 몇 분이신가요?

一共几位？

Yígòng jǐ wèi

이꽁 지 웨이

利安

네 명입니다.

四位。

Sì wèi

쓰 웨이

服务员

무엇을 드실지 정하셨나요?

您想好吃些什么了吗？

Nín xiǎng hǎo chī xiē shénme le ma

닌 시앙 하오 츠 시에 션머 러 마

利安	메뉴는 도착해서 주문하도록 할게요. **我们到了以后再点菜。** Wǒmen dàole yǐhòu zài diǎncài 워먼 따오 러 이호우 짜이 디엔차이
服务员	알겠습니다. 몇 가지 메뉴는 시간이 걸릴 수도 있습니다. **好的，有的菜可能慢一点才能上。** Hǎo de, yǒu de cài kěnéng màn yìdiǎn cái néng shàng 하오 더, 여유 더 차이 커넝 만 이디엔 차이 넝 샹
利安	최이안이라는 이름으로 예약 부탁드릴게요. **请用崔利安的名字预订。** Qǐng yòng Cuī Lì'ān de míngzi yùdìng 칭 용 추이 리안 더 밍즈 위띵
服务员	알겠습니다, 좀 이따가 뵙겠습니다. **好的，一会儿见。** Hǎo de, yíhuìr jiàn 하오 더, 이후얼 지엔

餐位[cānwèi 찬웨이] 식사자리　　**点菜**[diǎncài 디엔차이] 주문하다

预订[yùdìng 위띵] 예약하다

생생 여행 *Tip*

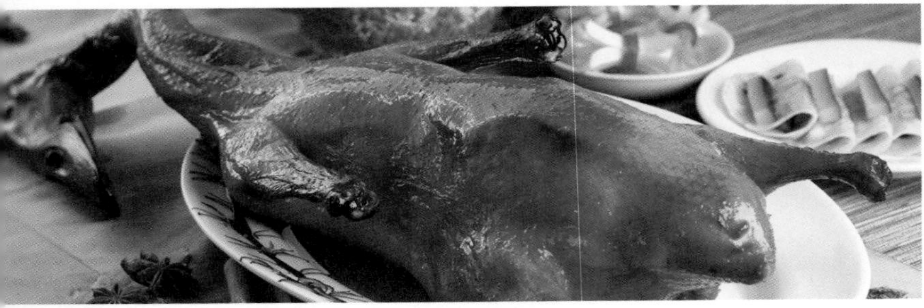

• 베이징의 명물 베이징 카오이야

베이징 오리구이는 300여 년의 역사를 가지고 있는데 베이징의 유명한 오리구이 체인점은 취엔쥐더(全聚德)이다. 베이징 오리구이는 전국적으로 널리 퍼져 있기 때문에 반드시 베이징을 가지 않더라도 규모가 큰 식당이라면 쉽게 주문을 할 수 있다. 오리구이를 먹는 방법에는 여러 가지가 있는데 보통 밀가루로 만든 얇은 전병에 얇게 저민 오리고기와 껍질, 그리고 그 위에 단맛이 나는 된장, 파를 곁들여 쌈을 싸서 춘장에 찍어 먹을 수 있다. 본점이나 직영점에 가면 요리사가 직접 오리구이를 가지고 와서 직접 손님이 보는 앞에서 부위별로 썰어서 손질을 해준다.

취엔쥐더의 본점은 前门大街(치엔먼따지에)에 있지만 흐어핑먼(和平门)과 왕푸징(王府井)에 있는 직영점 또한 유명하다. 지하철을 타고 2호선 치엔먼(前门)역에서 내리면 도착할 수 있다. B출구나 C출구로 나와서 길 따라 걸어오면 바로 나온다. 이동거리에 따라 직영점인 흐어핑먼(和平门)으로도 갈 수 있는데 2호선 흐어핑먼(和平门)역 C출구로 나와 도보로 3분이면 도착한다.

유용한
회화 표현

17-2.mp3

메뉴 한 가지를 추천해 줄 수 있어요?	**可以推荐一道菜吗？** [Kěyǐ tuījiàn yí dào cài ma 커이 투이지엔 이 따오 차이 마]
젓가락 하나 더 주실 수 있나요?	**可以再给一双筷子吗？** [Kěyǐ zài gěi yì shuāng kuàizi ma 커이 짜이 게이 이 슈앙 쿠와이즈 마]
냅킨 좀 갖다 주세요.	**请拿来一些餐巾纸。** [Qǐng ná lái yìxiē cānjīnzhǐ 칭 나 라이 이시에 찬진즈]
계산서를 갖다 줄 수 있어요?	**可以拿来结账吗？** [Kěyǐ ná lái jiézhàng ma 커이 나 라이 지에쟝 마]
여기 계산할게요.	**这里买单。** [Zhèli mǎidān 쩌리 마이딴]
맛있게 드세요.	**请慢用。** [Qǐng mànyòng 칭 만용]
음료는 무엇으로 하시겠습니까?	**您喝什么饮料？** [Nín hē shénme yǐnliào 닌 흐어 션머 인리아오]
예약을 변경하고 싶습니다.	**我想改一下预订时间。** [Wǒ xiǎng gǎi yíxià yùdìng shíjiān 워 시앙 까이 이시아 위띵 스지엔]
예약을 취소하고 싶습니다.	**我想取消预订。** [Wǒ xiǎng qǔxiāo yùdìng 워 시앙 취시아오 위띵]
창가 쪽으로 예약할 수 있을까요?	**可以订靠窗的位置吗？** [Kěyǐ dìng kàochuāng de wèizhi ma 커이 띵 카오추앙 더 웨이즈 마]

어휘 플러스

番茄酱[fānqiéjiàng 판치에지앙]	케첩
叉子[chāzi 차즈]	포크
刀子[dāozi 따오즈]	나이프
餐巾[cānjīn 찬진]	냅킨
盘子[pánzi 판즈]	쟁반
勺子[sháozi 샤오즈]	스푼
冰水[bīngshuǐ 삥슈이]	얼음물
吸管[xīguǎn 시꾸안]	빨대
蛋糕[dàngāo 딴까오]	케이크
开胃品[kāiwèipǐn 카이웨이핀]	애피타이저
汤[tāng 탕]	국
沙拉[shālā 샤라]	샐러드
比萨饼[bǐsàbǐng 비사삥]	피자
意大利面[yìdàlìmiàn 이따리미엔]	스파게티
牛排[niúpái 니우파이]	스테이크
三明治[sānmíngzhì 산밍즈]	샌드위치
甜点[tiándiǎn 티엔디엔]	디저트
布丁[bùdīng 뿌띵]	푸딩
葡萄酒[pútáojiǔ 푸타오지우]	와인

중국이 궁금해

식탁 자리 배치

1번 좌석은 초대한 사람이 앉는 자리이다. 1번은 문을 열면 마주 보이는 자리에 위치되어 있다.

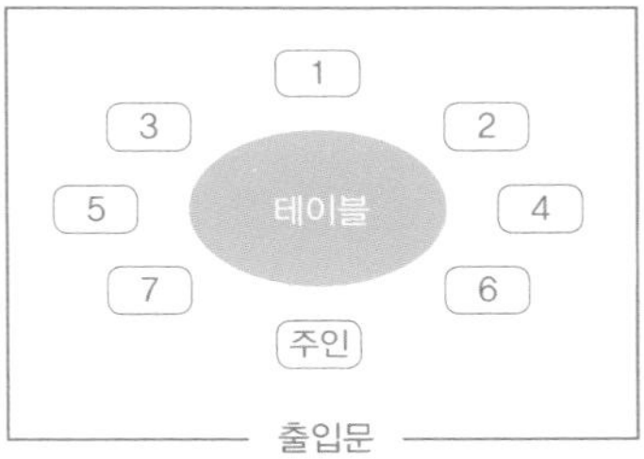

주인은 새로운 사람이 들어올 때 그 사람을 확인해야 하기 때문에 출입문이 바라보이는 쪽에 앉는다.
식사시 문 밖의 서빙 담당 직원과 눈짓으로 소통하는 일도 많기 때문이다.

1번 좌석의 오른쪽 2번 좌석은 초대 받은 손님이 앉는 자리이다. 1번 좌석의 왼쪽 0번 좌석은 초대 받은 쪽의 두 번째 사람이 앉는다. 문 옆의 왼쪽인 5번 좌석은 초대 측의 두 번째 사람이 앉는다. 문 옆에 앉은 이유는 모임을 주관하는 주인을 도와 모임 자리에 안내하는 접대 일을 하기 때문에 문 가까운 곳에 앉는 것이다.

利安
그림으로 된 메뉴판 있나요?
有带图片的菜单吗？
Yǒu dài túpiàn de càidān ma
여우 따이 투피엔 더 차이딴 마

服务员
제가 가져다 드릴게요.
我帮您拿一下。
Wǒ bāng nín ná yíxià
워 빵 닌 나 이시아

利安
이것을 보니 식욕이 도네요, 이 요리는 뭐죠?
这个看上去很有食欲，这个菜叫什么？
Zhège kàn shàngqù hěn yǒu shíyù, zhège cài jiào shénme
쩌거 칸 샹취 헌 여우 스위, 쩌거 차이 지아오 션머

服务员
이것은 콜라닭날개에요.
这个是可乐鸡翅。
Zhège shì kělè jīchì
쩌거 스 크어러 지츠

利安
저기요, 주문할게요.
服务员，我要点菜。
Fúwùyuán, wǒ yào diǎncài
푸우위엔, 워 이야오 디엔차이

服务员
알겠습니다, 무엇을 주문하시려고 하나요?
好的，您要点什么？
Hǎo de, nín yào diǎn shénme
하오 더, 닌 이야오 디엔 션머

利安

저기요, 저쪽 사람들이 주문한 것으로 할게요.

服务员，我要点那些人点的。

Fúwùyuán, wǒ yào diǎn nàxiē rén diǎn de

푸우위엔, 워 이야오 디엔 나시에 런 디엔 더

服务员

알겠습니다, 확인해볼게요, 또 필요하신 것이 있나요?

好的，我确认一下，还需要别的吗？

Hǎo de, wǒ quèrèn yíxià, hái xūyào biéde ma

하오 더, 워 취에런 이시아, 하이 쉬이야오 비에더 마

利安

맥주 두 병 주세요.

再来两瓶啤酒吧。

Zài lái liǎng píng píjiǔ ba

짜이 라이 리앙 핑 피지우 바

服务员

시원한 것을 원하시는거죠?

要冰镇的吗？

Yào bīngzhèn de ma

이야오 삥쩐 더 마

图片[túpiàn 투피엔] 그림

食欲[shíyù 스위] 식욕

确认[quèrèn 취에런] 확인하다

冰镇[bīngzhèn 삥쩐] 얼음으로 차게 하다

菜单[càidān 차이딴] 메뉴판

鸡翅[jīchì 지츠] 닭 날개

啤酒[píjiǔ 피지우] 맥주

• 한국인 입맛에 맞는 중국요리

시홍스차오지단(西红柿炒鸡蛋)

토마토의 붉은색과 계란의 노란색이 가져다주는 색깔의 대비 또한 아름다운 요리이며 일반 가정에서 일상적으로 먹는 요리이며 간단하게 누구나 쉽게 만들 수 있다. 요리법은 토마토와 계란을 프라이팬에 넣고 골고루 볶다가 설탕, 소금으로 양념을 하고 한국인의 입맛에 맞는 요리이다.

띠싼시엔(地三鲜)

띠싼시엔은 땅에서 나는 3가지 신선한 재료로 만들었다 해서 지어진 이름이다. 땅에서 나는 3가지 신선한 재료 가지, 감자, 피망이다. 중국요리에서 가지는 주로 볶거나 튀긴 후 양념을 입히는 식으로 요리이다.

꽁바오지띵(宫保鸡丁)

닭 가슴살을 잘게 썰어서 땅콩, 매운 고추와 함께 볶아 낸 사천 지역의 대표 요리이다. 붉은 윤기가 돌고 매운 향이 진하게 나는 것에 비해 매운맛은 그리 강하지 않다. 부드러운 닭 가슴살의 육질과 땅콩의 고소하고 바삭한 맛이 특징이다. 고추와 땅콩이 들어가서 매콤하면서 고소한 맛이 난다.

동파육(东坡肉)

중국 항저우(杭州)의 전통 요리로 큼직한 삼겹살 덩어리를 통째로 향기 좋은 전통 명주, 소흥주에 넣어 삶은 후 간장 등으로 장시간 졸여서 만드는 음식이다. 도톰한 삼겹살을 새끼로 묶어 고정시킨 후 간장과 술을 넣고 삶은 후에 불을 줄이고 약한 불에서 육질이 부드러워질 때까지 익혀주면 동파육이 완성된다. 이는 송나라 때의 시인 소동파가 즐겨 먹었다는 이야기가 전해지면서 그의 호를 따 붙여진 이름이다.

麻婆豆腐 (마파두부)

매콤한 양념에 돼지고기와 두부가 어우러져 누구나 쉽게 즐길 수 있는 맛을 지니고 있는 마파두부는 사천 지방을 대표하는 음식 중 하나이다. 고추기름에 다진 돼지고기, 홍고추, 청고추를 넣고 볶다 매운 맛이 나는 중국식 고추장과 두부를 넣고 졸여 마무리해 내는 음식으로 조리법이 간단하고 매콤한 맛으로 많은 사람들에게 사랑받는 대중 음식이다. 중국식 고추장과 고추기름에서 나오는 매콤하며 칼칼한 맛이 특징이며 두부의 부드러운 맛과 돼지고기의 고소한 맛이 잘 어우러진다.

유용한
회화 표현

18-2.mp3

가장 잘하는 요리가 무엇인가요?	你们最拿手菜是什么? [Nǐmen zuì náshǒucài shì shénme 니먼 쭈이 나쇼우차이 스 션머]
또 추천해주실 요리가 있나요?	还有别的推荐的菜吗？ [Háiyǒu biéde tuījiàn de cài ma 하이여우 비에더 투이지엔 더 차이 마]
저는 담백한 것을 좋아합니다.	我喜欢吃清淡的。 [Wǒ xǐhuan chī qīngdàn de 워 시후안 츠 칭딴 더]
추천 좀 해주시겠어요?	请推荐一下, 好吗？ [Qǐng tuījiàn yíxià, hǎo ma 칭 투이지엔 이시아, 하오 마]
같은 것으로 두 개 주세요.	请给我两个一样的。 [Qǐng gěi wǒ liǎng ge yíyàng de 칭 게이 워 리앙 거 이이양 더]
메뉴판 좀 보여주세요.	请给我菜单看一下。 [Qǐng gěi wǒ càidān kàn yíxià 칭 게이 워 차이딴 칸 이시아]
1번 세트로 주세요.	请给我一号套餐。 [Qǐng gěi wǒ yí hào tàocān 칭 게이 워 이 하오 타오찬]
음료 리필이 되나요?	这里的饮料可以续杯吗？ [Zhèli de yǐnliào kěyǐ xùbēi ma 쩌리 더 인리아오 커이 쉬뻬이 마]
다른 것은 필요 없습니다.	不需要其他的了。 [Bù xūyào qítā de le 뿌 쉬이야오 치타 더 러]
이 요리에는 고수를 넣지 마세요.	这道菜里请不要放香菜。 [Zhè dào cài li qǐng búyào fàng xiāngcài 쩌 따오 차이 리 칭 부이야오 팡 시앙차이]
너무 맵지 않게 해주세요.	不要太辣的。 [Búyào tài là de 부이야오 타이 라 더]
약간 매운 것으로 주세요.	给我微辣的吧。 [Gěi wǒ wēi là de ba 게이 워 웨이 라 더 바]
방금 주문했는데 취소가 가능한가요?	我刚点了菜, 现在可以取消吗? [Wǒ gāng diǎn le cài, xiànzài kěyǐ qǔxiāo ma 워 깡 디엔 러 차이, 시에짜이 커이 취시아오 마]

어휘 플러스

煎[jiān 지엔]	부치다
炒[chǎo 챠오]	볶다
炸[zhà 쟈]	튀기다
煮[zhǔ 쭈]	삶다
烤[kǎo 카오]	굽다
烧[shāo 샤오]	끓이다
炖[dùn 뚠]	고다
焖[mèn 먼]	조리다
拌[bàn 빤]	버무리다
腌[yān 이엔]	담그다
包[bāo 빠오]	싸다
削[xuē 쉬에]	깎다
盛[shèng 셩]	담다
尝[cháng 챵]	맛보다
熟[shú 슈]	익히다
夹[jiá 지아]	집다

중국이 궁금해

중국 식사 예절

중국 요리를 먹는 순서로는 보통 냉채류를 처음 먹고 난 후 튀김 혹은 볶음류 음식을 먹는다. 본 요리를 다 먹었다면 밥과 만두, 면 등 주식을 먹고 마지막으로 탕을 먹는 것이 식사예절이다. 한국은 보통 대접받은 음식을 모두 먹는 것을 예의로 삼지만, 음식을 남김없이 모두 먹으면 모자르게 준비하여 손님을 제대로 대접하지 못했다고 생각할 수도 있다.

원형테이블을 돌리는 방향은 시계방향으로 하면 돌리면 된다. 중국인과 식사 중 음식을 젓가락으로 덜어준다면, 친밀감을 뜻하는 행동으로 받아들이면 된다. 식사를 하면서 술을 먹을 때 건배 제의를 하는 경우 자리 배치의 순서에 따라 진행이 된다. 상석에 앉은 사람이 건배하자고 외치면 전체가 일어서거나 앉아서 잔을 식탁에 살짝 치면서 건배를 한다.

한국에서는 친근감의 표시로 자신이 마시던 술잔을 상대방에게 권하는 경우가 있는데 중국에서는 그렇게 해서는 안된다. 한국에서는 첨잔(술이 있는 잔에 술을 더 따름)을 하지 않지만 중국에서는 잔에 첨잔을 하면서 가득 채우는데 정이 넘치는 것이라고 생각하기 때문이다.

요청하기

利安 안녕하세요, 이곳을 정리 좀 해주시겠어요?
你好, 能收拾一下这里吗？
Nǐ hǎo, néng shōushí yíxià zhèli ma
니 하오, 넝 쇼우스 이시아 쩌리 마

服务员 죄송한데 잠시만 기다려주세요.
不好意思, 您稍等一下。
Bùhǎoyìsi, nín shāoděng yíxià
뿌하오이쓰, 닌 샤오 떵 이시아

利安 다른 빈 자리 있나요?
还有其他的空位吗？
Háiyǒu qítā de kōngwèi ma
하이여우 치타 더 콩웨이 마

服务员 현재 없습니다, 곧 정리해드릴게요.
现在没有, 马上给您收拾。
Xiànzài méiyou, mǎshàng gěi nín shōushi
시엔짜이 메이여우, 마샹 게이 닌 쇼우스

다른 좌석 상황

利安 이것은 제가 주문한 요리가 아닙니다.
这不是我点的菜。
Zhè búshì wǒ diǎn de cài
쩌 부스 워 디엔 더 차이

服务员 죄송합니다, 제가 확인 좀 할게요.
不好意思, 我确认一下。
Bùhǎoyìsi, wǒ quèrèn yíxià
뿌하오이쓰, 워 취에런 이시아

利安 제가 주문한 것은 홍샤오파이구입니다.
我点的是红烧排骨。
Wǒ diǎn de shì hóngshāopáigǔ
워 디엔 더 스 홍샤오파이구

服务员
확인을 했는데 저희가 실수 했습니다. 요리 바로 다시 올려드릴게요.
确认了一下，是我们弄错了，您的菜马上上。
Quèrèn le yíxià, shì wǒmen nòngcuò le, nín de cài mǎshàng shàng
취에런 러 이시아, 스 워먼 농추어 러, 닌 더 차이 마샹 샹

다른 좌석 상황

利安
제가 주문한 요리가 아직 나오지 않았는데 확인 좀 해주세요.
我点的菜还没上来，请确认一下。
Wǒ diǎn de cài hái méi shànglái, qǐng quèrèn yíxià
워 디엔 더 차이 하이 메이 샹라이, 칭 취에런 이시아

服务员
죄송합니다, 아마도 너무 바빠서 좀 늦어질 것 같네요.
不好意思，可能因为太忙了，
Bùhǎoyìsi, kěnéng yīnwèi tài máng le,
뿌하오이쓰, 커넝 인웨이 타이 망 러,
有可能会慢一点儿。
yǒu kěnéng huì màn yìdiǎnr
여우 커넝 후이 만 이디얼

利安
대략 얼마나 걸릴까요?
大约还要多长时间呢？
Dàyuē hái yào duō cháng shíjiān ne
따위에 하이 이야오 뚜어 창 스지엔 너

服务员
좀 만 더 기다려주세요, 제가 확인할게요, 빨리 올려 드릴게요.
您再稍等一下，我去确认一下，会尽快给您上。
Nín zài shāoděng yíxià, wǒ qù quèrèn yíxià, huì jǐnkuài gěi nín shàng
닌 짜이 샤오 떵 이시아, 워 취 취에런 이시아, 후이 진쿠와이 게이 닌 샹

收拾[shōushí 쇼우스] 정리하다
空位[kōngwèi 콩웨이] 빈자리
大约[dàyuē 따위에] 대략
尽快[jǐnkuài 진쿠와이] 되도록 빨리

생생 여행 *Tip*

• 중국의 차 문화, 찻물로 그릇 소독

중국 식당에 가면 진공 포장된 식기들을 제공하는 곳을 볼 수 있다. 차를 마실 수 있는 컵과 쟁반 및 숟가락이 포장되어서 나오는데, 그릇을 씻어서 버리는 용기와 티슈를 준다. 보통 식당에서 주는 티슈는 유료로 받고 있다. 진공 포장된 그릇을 젓가락으로 위에서 아래로 찍어주면 쉽게 해체가 가능하다. 제공해준 찻물로 우선 그릇부터 헹구어주고, 그릇에 젓가락과 숟가락을 넣어서 찻물로 헹구어주고, 컵은 뒤집어서 다시 헹구어주면 된다. 대부분의 식당이 이런 문화를 가진 것은 아니지만 혹시라도 이렇게 제공되는 곳에 가면 당황스럽지 않게 포장된 용기를 뜯어서 헹구어주면 된다.

식당마다 차를 제공해주는데 일반적으로 무료로 제공되는 차가 있는데 우리가 흔히 접하는 쟈스민차이다. 또한 별도로 유료로 제공되는 차가 있는데 주문하기 전에 종업원이 차를 주문할 것인지 물어본다. 차의 종류에 따라 금액도 각양각색이기 때문에 메뉴판을 잘 보고 선택을 해야 한다.

유용한
회화 표현

19-2.mp3

이 요리가 좀 식었는데, 다시 데워주실 수 있나요?	这道菜有点儿凉了，可以再加热一下吗？ [Zhè dào cài yǒudiǎnr liáng le, kěyǐ zài jiā rè yíxià ma 쩌 따오 차이 여우디얼 리앙 러, 커이 짜이 지아 르어 이시아 마]
바로 데워줄 수 있나요?	可以马上加热吗？ [Kěyǐ mǎshàng jiā rè ma 커이 마샹 지아 르어 마]
지금 바로 데워드릴게요, 5분 정도 걸립니다.	现在就给您加热，需要等5分钟左右。 [Xiànzài jiù gěi nín jiā rè, xūyào děng wǔ fēnzhōng zuǒyòu 시엔짜이 지우 게이 닌 지아 르어, 쉬이야오 떵 우 펀쭝 쭈어여우]
포장이 가능한가요?	可以帮我打包吗？ [Kěyǐ bāng wǒ dǎbāo ma 커이 빵 워 따빠오 마]
포장하고 난 후에 가져다 드릴게요.	我打包后给您送过来。 [Wǒ dǎbāo hòu gěi nín sòng guòlái 워 따빠오 후어 게이 닌 쏭 꾸어라이]
분리해서 포장이 가능한가요?	请分开装可以吗？ [Qǐng fēnkāi zhuāng kěyǐ ma 칭 펀카이 쭈앙 커이 마]
계산서가 잘못된 것 같습니다.	结账单好像有问题。 [Jiézhàngdān hǎoxiàng yǒu wèntí 지에쟝딴 하오시앙 여우 원티]
어디에 문제가 있으신거죠?	请问哪里有问题呢？ [Qǐngwèn nǎlǐ yǒu wèntí ne 칭원 나리 여우 원티 너]
이 요리는 저희가 주문하지 않았습니다.	这个菜我们没有点。 [zhège cài wǒmen méiyou diǎn 쩌거 차이 워먼 메이여우 디엔]
죄송합니다, 저희가 실수했습니다.	不好意思，我们失误了。 [Bùhǎoyìsi, wǒmen shīwù le 뿌하오이쓰, 워먼 스우 러]
저희가 바로 확인하고 답을 드릴게요.	我马上确认一下给您答复。 [Wǒ mǎshàng quèrèn yíxià gěi nín dáfù 워 마샹 취에런 이시아 게이 닌 다푸]

어휘
플러스

啤酒[píjiǔ 피지우]	맥주
扎啤[zhāpí 쟈피]	생맥주
米酒[mǐjiǔ 미지우]	막걸리
白酒[báijiǔ 바이지우]	백주
茅台酒[máotáijiǔ 마오타이지우]	마오타이주
孔府家酒[kǒngfǔjiājiǔ 콩푸지아지우]	공부가주
五粮液[wǔliángyè 우량이에]	오량액
水井坊[shuǐjǐngfāng 슈이징팡]	수정방
二锅头[èrguōtóu 얼꾸어토우]	이과두
绿茶[lǜchá 뤼차]	녹차
红茶[hóngchá 홍차]	홍차
铁观音[tiěguānyīn 티에꾸안인]	철관음
菊花茶[júhuāchá 쥐화차]	국화차
茉莉花茶[mòlihuāchá 모리화차]	모리화차
乌龙茶[wūlóngchá 우롱차]	우롱차
龙井茶[lóngjǐngchá 롱징차]	롱정차
普洱茶[pǔěrchá 푸얼차]	보이차

중국이 궁금해

중국 요리 먹는 순서

소채(小菜), 냉채(冷菜), 열채(热菜), 주채(主菜), 탕요리(汤菜), 단요리(甜菜), 분식요리(小食), 과일(水果)의 순서로 먹는다.

가장 먼저 먹는 소채(小菜)는 정식요리가 나오기 전에 가볍게 먹는 음식으로 땅콩이나 약간 짠 반찬들이 주를 이룬다. 다음으로 나오는 것이 냉채(冷菜)으로 맛이 담백하고, 안주의 개념이라고 생각하면 된다. 그 다음으로 나오는 것이 열채(热菜)로 약간 기름기가 적어 느끼하지 않은 담백한 맛의 따뜻한 채소나 고기류의 볶음요리가 나온다.
다음으로 주채(主菜)가 나오는데 보통 나오는 숫자는 짝수로 나온다. 중국인들은 짝수를 좋아하기 때문이다. 대부분 6가지에서 12가지가 나오게 된다. 볶음요리, 튀김요리, 조림요리, 찜요리, 구이요리, 채소요리의 순서로 나온다.
중국 음식에서 절대 빠지지 않는 것이 생선요리인데 그 이유는 해음현상과 관련이 있데, 생선의 발음이 '여유가 있고, 풍족하다'라는 단어와 발음이 같기 때문에 어디에서건 빠지지 않는 단골메뉴이다.
마지막으로 탕요리가 나오면 기본적인 요리의 순서는 마무리가 된다. 다음으로 나오는 것들은 후식이라고 생각하면 되고, 과일의 경우는 계절에 따라 과일의 종류가 달라진다.

利安

저기요, 계산할게요.

服务员，请买单。

Fúwùyuán, qǐng mǎidān

푸우위엔, 칭 마이딴

服务员

알겠습니다, 이쪽으로 오세요.

好的，这边请。

Hǎo de, zhèbian qǐng

하오 더, 쩌비엔 칭

利安

총 얼마죠?

一共多少钱？

Yígòng duōshao qián

이꽁 뚜어샤오 치엔

服务员

800위안입니다. 카드로 하시겠어요, 현금으로 하시겠어요?

800块，您要刷卡还是现金?

Bā bǎi kuài, nín yào shuākǎ háishi xiànjīn

빠 바이 쿠와이, 닌 이야오 슈아카 하이스 시엔진

利安

현금으로 할게요.

我来用现金吧。

Wǒ lái yòng xiànjīn ba

워 라이 용 시엔진 바

服务员

영수증 드릴까요?

您需要发票吗？

Nín xūyào fāpiào ma

닌 쉬이야오 파피아오 마

利安

영수증 주세요.

请给我发票。

Qǐng gěi wǒ fāpiào

칭 게이 워 파피아오

服务员

알겠습니다, 이것은 할인권인데 다음에 오시면 할인해드립니다.

好的，这是优惠券，下次再来可以享受优惠。

Hǎo de, zhè shì yōuhuìquàn, xiàcì zài lái kěyǐ xiǎngshòu yōuhuì

하오 더, 쩌 스 여우후이취엔, 시아츠 짜이 라이 커이 시앙쇼우 여우후이

利安

좋네요, 다음에 꼭 와야겠네요.

不错，下次还会来。

Búcuò, xiàcì hái huì lái

부추어, 시아츠 하이 후이 라이

服务员

감사합니다. 다음에 또 오세요.

谢谢您，欢迎下次光临。

Xièxie nín, huānyíng xiàcì guānglín

시에시에 닌, 후안잉 사이츠 꾸앙린

利安

수고하세요. 안녕히 계세요.

辛苦了，再见。

Xīnkǔ le, zàijiàn

신쿠 러, 짜이지엔

买单[mǎidān 마이딴] 계산서

刷卡[shuākǎ 슈아카] 카드 결제하다

现金[xiànjīn 시엔진] 현금

优惠券[yōuhuìquàn 여우후이취엔] 할인권, 쿠폰

享受[xiǎngshòu 시앙쇼우] 누리다, 즐기다

생생 여행 Tip

• 영수증 복권

중국의 영수증 发票(파피아오)는 영수증에 즉석 복권제를 시행하여 동전으로 긁는 방식, 영수증에 기입된 번호를 대상으로 추첨을 통해 당첨금을 지급하고 있다. 추첨 방식은 두 종료로 나누어지는데 현장형과 추첨형 두 가지가 있다.

현장형의 경우 회사 및 개인 영수증을 대상으로 당첨금이 5위안(900원)부터 최고 100위안(1만 8천원)의 현장에서 지급이 된다.

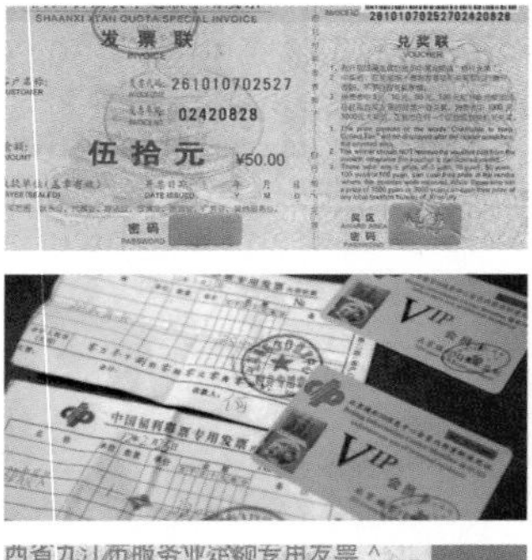

정기 추첨형은 개인만을 대상으로 진행되며, 최저 5만 위안(850만원)부터 최고 40만 위안(6700만원)의 당첨금을 받을 수 있다.

복권으로 유효한 영수증은 세무 당국의 허가를 받은, 음식, 숙박등 납세자가 발행한 영수증을 비롯해 검증과정을 거친 일반 영수증 및 전자 영수증이 포함된다.

유용한 회화 표현

20-2.mp3

계산 할게요	我要买单。 [Wǒ yào mǎidān 워 이야오 마이딴]
영수증을 주세요.	给我发票吧。 [Gěi wǒ fāpiào ba 게이 워 파피아오 바]
영수증은 필요 없습니다.	不需要发票。 [Bù xūyào fāpiào 뿌 쉬이야오 파피아오]
카드로 결제가 가능한가요?	可以用银行卡结算吗？ [Kěyǐ yòng yínhángkǎ jiésuàn ma 커이 용 인항카 지에수안 마]
각자 지불할 수 있나요?	可以分开支付吗？ [Kěyǐ fēnkāi zhīfù ma 커이 펀카이 즈푸 마]
같이 지불하겠습니다.	一起支付吧。 [Yìqǐ zhīfù ba 이치 즈푸 바]
거스름돈은 필요 없습니다.	零钱不用找了。 [Língqián búyòng zhǎo le 링치엔 부용 짜오 러]
위챗페이로 결제 가능하죠?	可以用微信支付吗？ [Kěyǐ yòng wēixìn zhīfù ma 커이 용 웨이신 즈푸 마]
QR코드로 결제할 수 있나요?	可以扫二维码支付吗？ [Kěyǐ sǎo èrwéimǎ zhīfù ma 커이 사오 얼웨이마 즈푸 마]
QR코드로 결제할 수 있습니다.	可以用二维码支付。 [Kěyǐ yòng èrwéimǎ zhīfù 커이 용 얼웨이마 즈푸]
이것은 1+1 제품입니다.	这商品买一赠一。 [Zhè shāngpǐn mǎi yī zèng yī 쩌 샹핀 마이 이 정 이]
저희는 현금만 가능합니다.	我们只收现金。 [Wǒmen zhǐ shōu xiànjīn 워먼 즈 쇼우 시엔진]

어휘 플러스

买单[mǎidān 마이딴]	계산서
结帐[jiézhàng 지에짱]	계산하다
打折[dǎzhé 따저]	할인하다
便宜[piányi 피엔이]	싸다
贵[guì 꾸이]	비싸다
信用卡[xìnyòngkǎ 신용카]	신용카드
刷卡[shuākǎ 슈아카]	카드결제하다
现金[xiànjīn 시엔진]	현금
发票[fāpiào 파피아오]	영수증
收据[shōujù 쇼우쥐]	영수증
小票[xiǎopiào 시아오피아오]	간이영수증
找钱[zhǎoqián 짜오치엔]	거스름돈을 주다
付钱[fùqián 푸치엔]	지불하다
打包[dǎbāo 따빠오]	포장하다
支付[zhīfù 즈푸]	지불하다
二维码[èrwéimǎ 얼웨이마]	QR코드
AA制[AAzhì 에이에이즈]	더치페이

중국이 궁금해

중국의 영수증

중국에는 영수증의 종류가 많은데 알아볼까요?

小票[xiǎopiào] **시아오피아오**

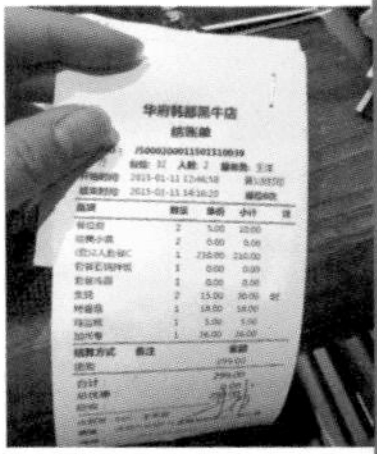

중국의 마트나 식당에서 결제하고 받는 영수증을 의미한다. 小票은 한국의 간이영수증과 비슷한데 회계 증빙자료로는 사용할 수 없다. 한국에서는 간이영수증도 화계처리가 될 수 있지만 중국어에서는 发票(파피아오)만 화계영수증으로 인정해주고 증빙자료로 이용하는 것을 허용하지 않는다.

收据[shōujù] **쇼우쥐**

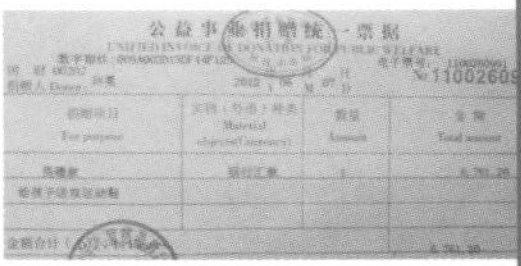

중국은 작은 가게나 공장들이 정식 영수증 대신 문방구에서 구매한 收据를 건네줄 경우가 많다. 간이영수증이라 회계증빙자료로 사용할 수 없다.

发票[fāpiào] **파피아오**

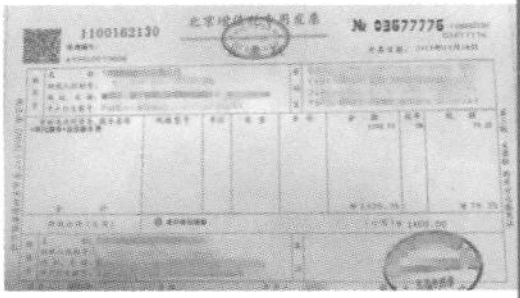

중국 정식영수증을 发票라고 한다. 회사의 직인이 찍혀있으며 발급을 받을 때 회사명과 납세인 번호를 요구를 한다. 이것을 발급한 가관은 세무서에 세금을 내야 하는 증명자료이고, 회계증빙자료로 활용할 수 있다.

중국 국세 기관은 영수증 문화가 정착하도록 영수증에 즉석복권 제도를 도입했다. 발급받은 发票(파피아오)를 보면 동전으로 긁는 방식의 즉석복권 형식으로 되어 있어서 당첨금도 받을 수 있다. 소소한 재미를 느낄 수 있다.

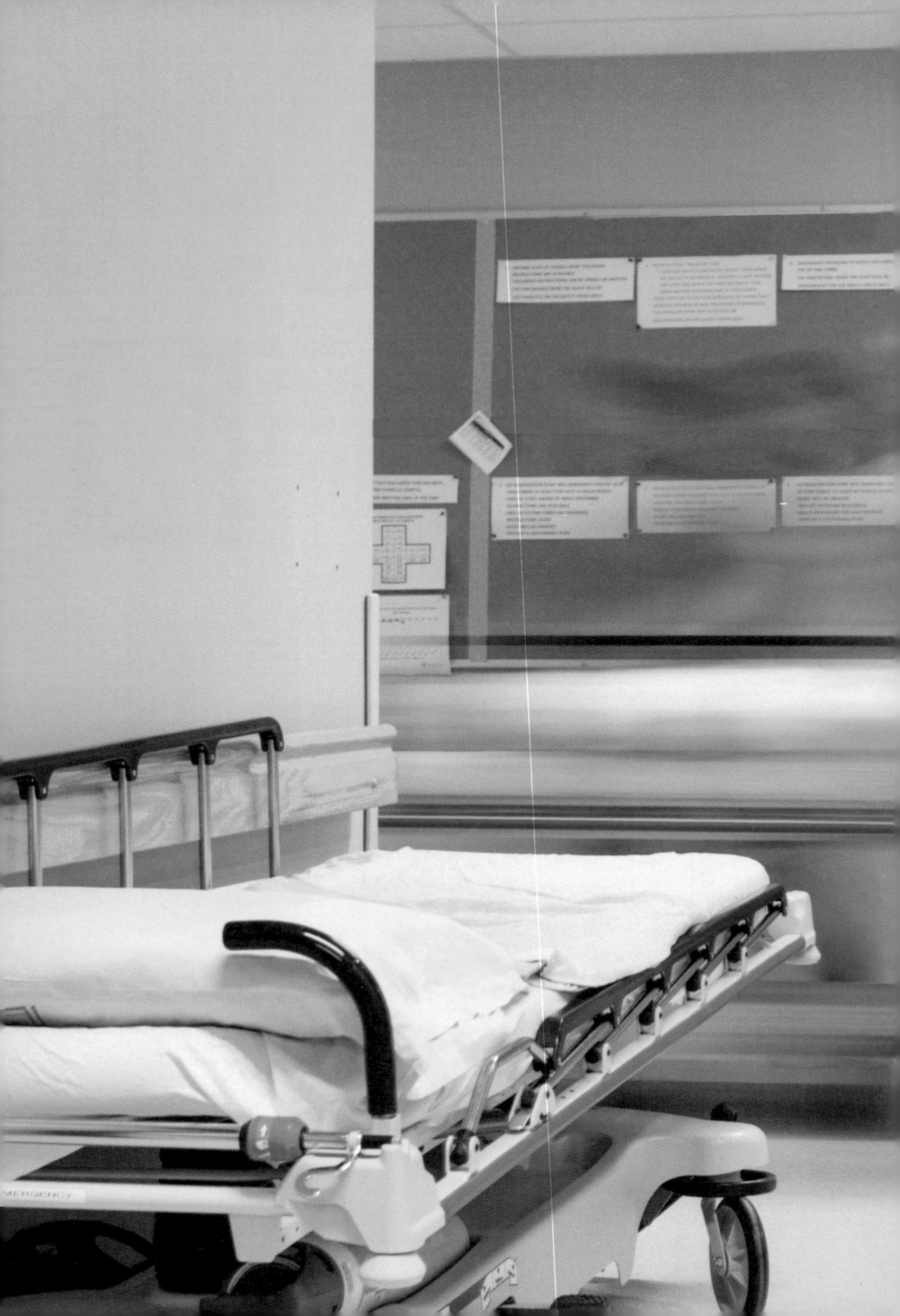

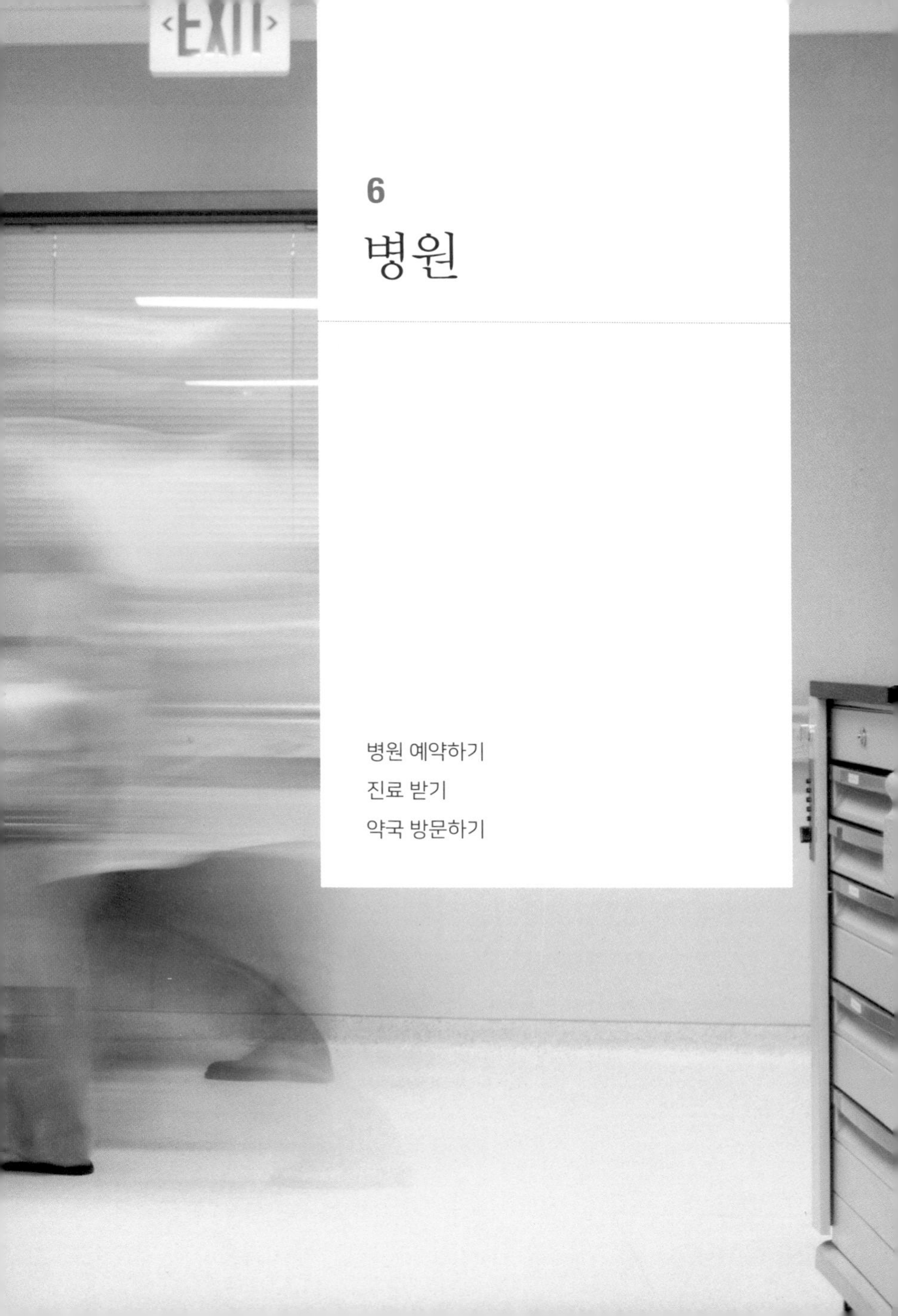

6
병원

병원 예약하기

진료 받기

약국 방문하기

병원 예약하기

护士

안녕하세요.

您好。

Nín hǎo

닌 하오

利安

안녕하세요, 제 이름은 최이안입니다. 예약을 하고 싶습니다.

您好，我叫崔利安，想预约。

Nín hǎo, wǒ jiào Cuī Lì'ān, xiǎng yùyuē

닌 하오, 워 지아오 추이 리안, 시앙 위위에

护士

저희 병원에 오신 적 있나요?

之前来过我们医院吗？

Zhīqián láiguo wǒmen yīyuàn ma

즈치엔 라이구어 워먼 이위엔 마

利安

아니요, 오늘 처음 왔습니다.

没有，今天第一次来。

Méiyou, jīntiān dì-yīcì lái

메이여으, 진티엔 띠이츠 라이

护士

어디가 불편하신가요?

您哪里不舒服？

Nín nǎlǐ bù shūfu

닌 나리 뿌 슈푸

利安

어제 저녁부터 머리가 아프고 열이 좀 있습니다.

昨晚开始头痛，还发烧。

Zuówǎn kāishǐ tóutòng, hái fāshāo

쭈어완 카이스 토우통, 하이 파샤오

护士 가장 빠른 예약 가능 시간은 목요일 오후 4시입니다.

可以预约到的最快时间，是周四下午四点。

Kěyǐ yùyuē dào de zuì kuài shíjiān, shì zhōusì xiàwǔ sì diǎn

커이 위위에 따오 더 쭈이 쿠와이 스지엔, 스 쪼우쓰 시아우 쓰 디엔

利安 네, 알겠습니다.

好的，知道了。

Hǎo de, zhīdào le

하오 더, 즈따오 러

护士 성함을 다시 한 번 말씀해주세요.

请重新说一下您的姓名。

Qǐng chóngxīn shuō yíxià nín de xìngmíng

칭 총신 슈어 이시아 닌 더 싱밍

利安 성이 최이고, 이름은 이안입니다.

姓崔，名利安。

Xìng Cuī, míng Lì'ān

싱 추이, 밍 리안

护士 감사합니다, 목요일에 뵙겠습니다.

谢谢，周四见。

Xièxie, zhōusì jiàn

시에시에, 쪼우쓰 지엔

利安 감사합니다. 그럼 목요일에 뵐게요

谢谢，那周四见。

Xièxie, nà zhōusì jiàn

시에시에, 나 쪼우쓰 지엔

预约[yùyuē 위위에] 예약하다　**医院**[yīyuàn 이위엔] 병원　**舒服**[shūfu 슈푸] 편안하다

发烧[fāshāo 파샤오] 열이 나다　**头痛**[tóutòng 토우통] 두통

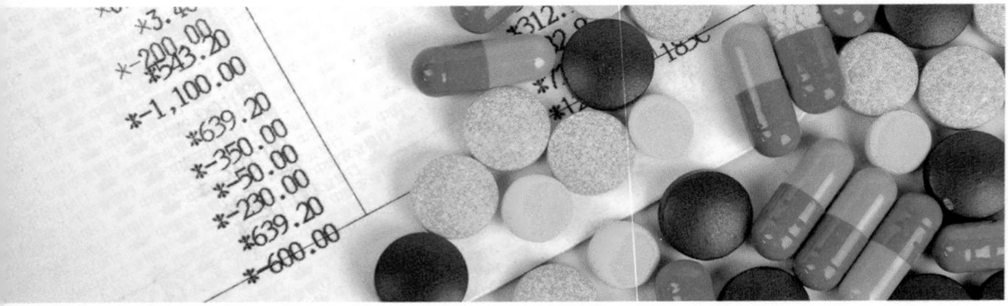

• 아플 경우

여행 중 아플 경우를 대비해서 간단한 비상약들을 챙겨야 한다.
여행자 보험에 가입했는데 병원을 가야 할 일이 생긴다면 보험 회사 지정 병원이 있을 수도 있으니 보험사에 먼저 연락을 해서 확인해야 한다.
보험사가 필요로 하는 진단서, 영수증 등의 서류들도 미리 확인해서 꼼꼼히 챙겨야 한다.
출발하기 전에 보험도 꼼꼼히 확인을 하고 들어야 한다.

여행 중 아플 때 긴급지원 서비스가 되는 경우가 있다.
현지 병원예약 및 입원수속 대행, 의료비 지불보증 서비스, 의료모니터링, 긴급 의료 전화통역 등 이 가능한 보험을 알아보는 것도 여행을 하는데 있어서 만에 하나의 상황에 대비하여 준비를 해야 할 것이다.

유용한
회화 표현

21-2.mp3

예약을 하고 싶습니다.	我想预约。 [Wǒ xiǎng yùyuē 워 시앙 위위에]
저 사전 예약했어요.	我已经预约了。 [Wǒ yǐjīng yùyuē le 워 이징 위위에 러]
의료보험 카드 있나요?	有没有医保卡? [Yǒuméiyou yībǎokǎ 여우메이여우 이빠오카]
신분증 주세요.	身份证给我一下。 [Shēnfènzhèng gěi wǒ yíxià 션펀쩡 게이 워 이시아]
상담 시간이 언제인가요?	咨询时间是什么时候？ [Zīxún shíjiān shì shénmeshíhou 쯔쉰 스지엔 스 션머스호우]
오늘은 예약이 꽉 찼습니다.	今天的预约已经满了。 [Jīntiān de yùyuē yǐjīng mǎn le 진티엔 더 위위에 이징 만 러]
이번 주에는 모든 상담 시간이 찼어요.	这个星期咨询时间都满了。 [Zhège xīngqī zīxún shíjiān dōu mǎn le 쩌거 싱치 쯔쉰 스지엔 또우 만 러]
어디가 불편하세요?	您哪里不舒服？ [Nín nǎlǐ bù shūfu 닌 나리 뿌 슈푸]
오늘은 더 심합니다.	今天更严重了。 [Jīntiān gèng yánzhòng le 진티엔 껑 이엔쭝 러]
머리가 아파요.	我头痛。 [Wǒ tóutòng 워 토우통]
속이 좋지 않아요.	肠胃不太舒服。 [Chángwèi bútài shūfu 창웨이 부타이 슈푸]
목이 아파요.	我嗓子疼。 [Wǒ sǎngzi téng 워 상즈 텅]
침을 삼키면 목이 정말 아파요.	咽唾液时咽喉疼。 [Yān tuòyè shí yānhóu téng 이엔 투어이에 스 이엔호우 텅]
속이 매스껍습니다.	觉得恶心。 [Juéde èxīn 쥐에더 으어신]
음식을 먹기만 하면 오바이트를 해요.	一吃东西就呕吐。 [Yì chī dōngxi jiù ǒutǔ 이 츠 똥시 지우 오우투]

어휘 플러스

大夫[dàifu 따이푸]	의사
护士[hùshì 후스]	간호사
检查[jiǎnchá 지엔차]	검사하다
抽血[chōuxuè 쵸우쉬에]	피를 뽑다
量体温[liàngtǐwēn 리앙티원]	체온을 재다
预约[yùyuē 위위에]	예약하다
预约处[yùyuēchù 위위에츄]	예약처
取号[qǔhào 취하오]	번호를 뽑다
医保卡[yībǎokǎ 이빠오카]	의료보험카드
身份证[shēnfènzhèng 션펀쪙]	신분증
挂号[guàhào 꾸아하오]	접수하다
看病[kànbìng 칸삥]	진찰받다
看医生[kàn yīshēng 칸 이셩]	진찰받다
病情[bìngqíng 삥칭]	병세
症状[zhèngzhuàng 쪙쭈앙]	증상
疼痛[téngtòng 텅통]	통증
肿[zhǒng 쭝]	붓다
浑身酸痛[húnshēn suāntòng 훈션 수안통]	몸살
痰[tán 탄]	가래

중국이 궁금해

중국 병원 이용 방법

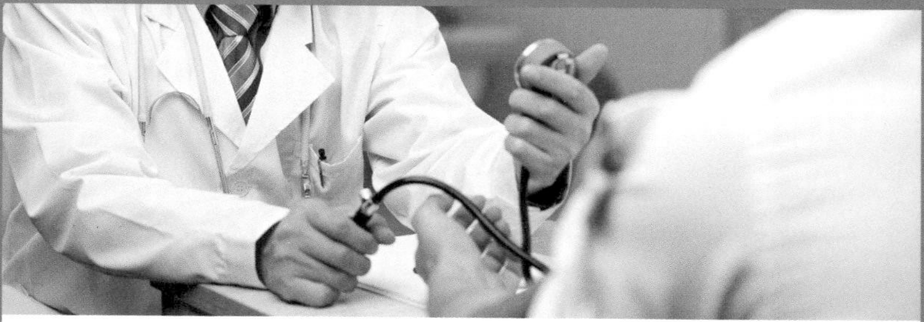

1 접수를 한다 (挂号)

보통 인터넷으로 접수도 가능하지만 여행 중에 긴급하게 병원으로 올 경우는 먼저 접수처로 간다. 진료를 볼 과를 선택하여 의사 선생님을 선택할 수 있는데 普通医生(일반의사)를 선택하며 된다.

2 병력카드(病历卡) 수첩 구입

한국에서는 구입을 할 필요가 없지만 중국에서는 환자의 증상을 의사가 진단하면서 작성해주는 수첩이다. 분실했을 경우는 재 구매를 해야 하는 경우가 있다. 병력카드를 보여주면 다른 병원으로 가거나 약국에서 약을 처방받을 때 유용하다.

3 진료할 과 찾아가기

4 진료비 수납

진료를 다 받은 후에는 수납부(门诊部)에서 수납을 한다. 추가 검사가 필요할 경우는 먼저 비용을 내고 검사를 진행하게 된다.

5 처방약 받기

수납부(门诊部)에서 받은 처방전을 가지고 약국(药房)에서 받으면 되는데 중국에서는 병원 내에서도 약도 같이 판매하고 있는 경우가 많다.

진료받기

利安 안녕하세요, 의사선생님.

您好, 医生。

Nín hǎo, yīshēng

닌 하오, 이셩

医生 안녕하세요, 어디가 안 좋으신가요?

你好, 哪里不舒服?

Nǐ hǎo, nǎlǐ bù shūfu

니 하오, 나리 뿌 슈푸

利安 어제부터 몸이 많이 안 좋아요, 온 몸에 힘이 없어요.

从昨天开始身体感觉很不好, 全身无力。

Cóng zuótiān kāishǐ shēntǐ gǎnjué hěn bù hǎo, quánshēn wúlì

총 쭈어티엔 카이스 션티 간쥐에 헌 뿌 하오, 취엔션 우리

医生 체온을 재보셨나요?

量过体温吗?

Liàngguo tǐwēn ma

리앙구어 티원 마

利安 어제부터 계속 38.5도입니다.

昨天开始一直38.5度。

Zuótiān kāishǐ yìzhí sānshíbā diǎn wǔ dù

쭈어티엔 카이스 이즈 싼스빠 디엔 우 뚜

医生 제가 한번 재볼게요, "아" 해보세요, 독감에 걸리셨네요.
물을 많이 마시고, 푹 쉬셔야 합니다.

我再量量看, 张嘴"啊", 你得了病毒感冒,

Wǒ zài liàngliang kàn, zhāngzuǐ "a", nǐ déle bìngdú gǎnmào,

워 짜이 리앙리앙 칸, 쟝쭈이 아, 니 더러 삥두 간마오,

要多喝水，好好儿休息。
yào duō hē shuǐ, hǎohāor xiūxi
이야오 뚜어 흐어 슈이, 하오할 시우시

利安

많이 안 좋은가요?

严重吗？
Yánzhòng ma
이엔쭝 마

医生

그렇게 심각하지는 않지만 집에 가셔서 푹 쉬시는 것이 좋습니다. 약 처방전 드릴게요.

虽然不是太严重，建议回家充分休息，
Suīrán búshì tài yánzhòng, jiànyì huíjiā chōngfēn xiūxi,
수이란 부스 타이 이엔쭝, 지엔이 후이지아 총펀 시우시,

我给你开处方。
wǒ gěi nǐ kāi chùfāng
워 게이 니 카이 추팡

利安

정말 감사합니다.

非常感谢。
Fēicháng gǎnxiè
페이창 간시에

量[liàng 리앙] 재다
张嘴[zhāngzuǐ 짱쭈이] 입을 열다
充分[chōngfēn 총펀] 충분하다
体温[tǐwēn 티원] 체온
严重[yánzhòng 이엔쭝] 심각하다
开处方[kāi chùfāng 카이 추팡] 처방을 하다

생생 여행

Tip

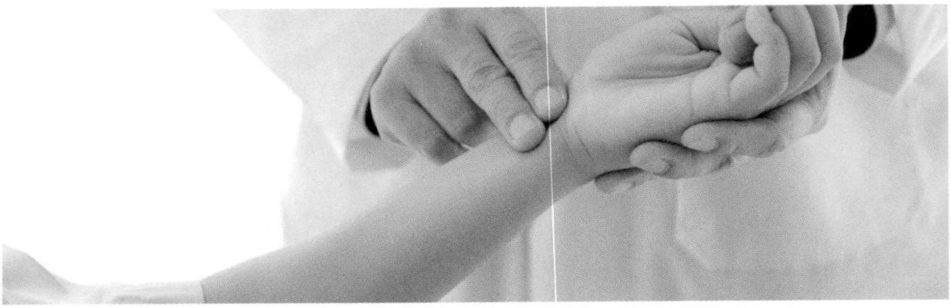

• 중국에서 병원가기

병원에 도착하면 挂号(꾸아하오)라는 카운터에 가서 접수카드를 만든다. 외국인이라면 신분증이 될 만한 여권을 가지고 가야 한다.
원하는 진료과목을 이야기 하고 진료비를 내면 진료내역 영수증을 준다, 결제를 할 때는 현금이나 신용카드 모두 가능하다.

접수증을 가지고 안내에 따라 자신이 갈 진료과 옆에 대기한다. 의시가 진료를 하고 처방을 내리면 해당하는 내용이 적힌 프린트를 뽑아준다. 그 프린트를 가지고 다시 수납창구에 가서 결제하고 치료를 받고 약을 탈 수 있다.
여행 중에 심각한 병이라면 외국인 전용의 개인 고급병원이나 중국에서 甲등급의 병원으로 가야 좋은 치료를 받을 수 있다.

보통 인터넷으로도 예약이 가능한데 현장에서도 접수가 가능하다.
가장 좋은 것은 타지에 나와서 아프지 말아야 한다.

유용한 회화 표현

22-2.mp3

많이 안 좋은 것 같습니다.	**看起来不太好。** [Kàn qǐlái bútài hǎo 칸 치라이 부타이 하오]
언제부터 통증이 있었나요?	**什么时候开始痛的？** [Shénmeshíhou kāishǐ tòng de 선머스호우 카이스 통 더]
숨을 쉬기가 힘들어요.	**很难呼吸。** [Hěn nán hūxī 헌 난 후시]
편두통이 있어요.	**有偏头痛。** [Yǒu piān tóutòng 여우 피엔 토우통]
피부가 가려워요.	**皮肤痒。** [Pífu yǎng 피푸 양]
설사를 심하게 해요.	**腹泻很严重。** [Fùxiè hěn yánzhòng 푸시에 허 이엔쭝]
배탈이 났어요.	**有腹泻症状。** [Yǒu fùxiè zhèngzhuàng 여우 푸시에 쩡쭈앙]
의사선생님, 배가 아파서 지금 너무 힘들어요.	**医生, 我肚子痛, 现在特别难受。** [Yīshēng, wǒ dùzi tòng, xiànzài tèbié nánshòu 이셩, 워 뚜즈 통, 시엔짜이 트어비에 난쇼우]
토하고 싶은데, 토가 안나와요.	**我想吐, 吐不出来。** [Wǒ xiǎng tǔ, tǔ bù chūlái 워 시앙 투, 투 뿌 추라이]
배를 쿡쿡 찌르는 것 같아요.	**腹部好像针扎一样。** [Fùbù hǎoxiàng zhēnzhā yíyàng 푸뿌 하오시앙 쩐쟈 이이양]
손과 발이 저려요.	**手脚发麻。** [Shǒujiǎo fāmá 쇼우지아오 파마]
허리가 아파요.	**腰痛。** [Yāo tòng 이야오 통]
콧물이 많이 나오고 기침이 심해요.	**流很多鼻涕, 咳嗽得也厉害。** [Liú hěn duō bítì, késou de yě lìhai 리우 헌 뚜어 비티, 커소우 더 이에 리하이]
발목을 삐끗한 것 같아요.	**脚脖子好像扭了。** [Jiǎobózi hǎoxiàng niǔ le 지아오보즈 하오시앙 니우 러]
목소리가 잘 안나와요.	**发不出声音。** [Fā bù chū shēngyīn 파 뿌 추 셩인]
우선 피를 뽑으세요.	**先去抽血。** [Xiān qù chōuxuè 시엔 취 쵸우쉬에]

어휘 플러스

感冒[gǎnmào 간마오]	감기에 걸리다
骨折[gǔzhé 꾸저]	골절
呕吐[ǒutǔ 오우투]	구토하다
癌症[áizhèng 아이쩡]	암
流鼻血[liúbíxuè 리우비쉬에]	코피를 흘리다
高血压[gāoxuèyā 까오쉬에야]	고혈압
烧伤[shāoshāng 샤오샹]	화상
腹泻[fùxiè 푸시에]	설사
糖尿病[tángniàobìng 탕니아오삥]	당뇨병
关节炎[guānjiéyán 꾸안지에이엔]	관절염
心脏病[xīnzāngbìng 신장삥]	심장병
头疼[tóuténg 토우텅]	두통
牙疼[yáténg 야텅]	치통
腰疼[yāoténg 이야오텅]	요통
扭伤[niǔshāng 니우샹]	접질리다
水泡[shuǐpào 슈이파오]	물집
发烧[fāshāo 파샤오]	열이 나다
验尿[yànniào 이엔니아오]	소변 검사
打针[dǎzhēn 따쩐]	주사를 맞다
输液[shūyè 슈이에]	링거를 맞다
缝针[féngzhēn 펑쩐]	상처를 꿰매다

중국이 궁금해

중국의 의료보험 제도

중국은 보통 성 하나하나가 우리나라 영토보다 큰 규모다. 그런 이유로 성(省) 별로 제도를 구축하고 있으며 같은 중국 내에서도 자신의 성을 벗어나면 의료 혜택을 받지 못하는 제도적으로 불편함을 겪을 때가 있다.

특히 의료 보험의 경우는 더욱 그렇다. 성 자체적으로 의료 보험 제도를 구축하고 있으며 성외(省外)에서는 기존 성에서 납부해왔던 보험의 혜택을 받기 어렵다. 전국적으로 기본 의료 보험에 대한 안정적인 자금지원과 결산 비율 조정 기구를 설치하여 최종적으로는 "하나의 카드로 통하는(一卡通)" 중국 내 의료 제도를 실현 시키려는 노력을 하고 있다.

중국의 의료보험 제도는 공공의료보험(사회건강보험)은 가입률이 평균 90% 이상으로 가장 널리 적용되고 있다. 총 세 가지로 나눌 수 있는데 첫 번째로 농촌 주민 대상으로 보장률은 75%이고, 가입자는 약 9억 명이다. 지역에 따라 다르지만 중증 치료비만 적용되고, 소액 치료는 자기부담이다.

두 번째는 도시 근로자 대상으로 보장률은 80%이고, 가입자는 약 3억 명이다. 일반 외래, 입원 모두 적용가능하다.

세 번째는 도시 주민 대상으로 보장률은 70%이고, 가입자는 약 3억 명이다. 중증 치료비만 적용되고, 소액 치료는 자기부담이다.

약국 방문하기

利安

안녕하세요, 편두통 약이 필요합니다.

您好，我需要偏头痛药。

Nín hǎo, wǒ xūyào piāntóutòng yào

닌 하오, 워 쉬이야오 피엔토우통 이야오

药师

안녕하세요, 누구에게 필요한 약인가요?

您好，是谁吃的药？

Nín hǎo, shì sheí chī de yào

닌 하오, 스 쉐이 츠 더 이야오

利安

저희 아버지요, 엊그제부터 심한 두통이 있습니다.

我父亲，前两天开始头痛厉害。

Wǒ fùqīn, qián liǎng tiān kāishǐ tóutòng lìhai

워 푸친, 치엔 리앙 티엔 카이스 토우통 리하이

药师

아버지께서 지금까지 다른 약을 복용했나요?

您父亲现在还服用其他药吗？

Nín fùqīn xiànzài hái fúyòng qítā yào ma

닌 푸친 시엔짜이 하이 푸용 치타 이야오 마

利安

아니요, 약을 어떻게 복용해야 하나요?

没有，这药怎么吃？

Méiyou, zhè yào zěnme chī

메이여우, 쪄 이야오 쩐머 츠

药师

식사 후에 두 알을 드세요.

饭后两粒。

Fàn hòu liǎng lì

판 호우 리앙 리

利安

하루에 세 번이죠?

一天三次吧？

Yì tiān sān cì ba

이 티엔 싼 츠 바

药师

맞습니다. 만약 일주일 후에도 증상이 나아지지 않으면
담당의사와 상의하시는 것이 좋습니다.

对，如果一周后症状没有好转，

Duì, rúguǒ yì zhōu hòu zhèngzhuàng méiyou hǎozhuǎn,

뚜이, 루구어 이 쪼우 호우 쩡쭈앙 메이여우 하우쭈안,

最好和主治医生咨询一下。

zuìhǎo hé zhǔzhì yīshēng zīxún yíxià

쭈이하오 흐어 쭈즈 이셩 쯔쉰 이시아

利安

알겠습니다. 약이 얼마죠?

知道了，药多少钱？

Zhīdào le, yào duōshao qián

즈따오 러, 이야오 뚜어샤오 치엔

药师

49위안입니다. 감사합니다.

四十九块，谢谢。

Sìshíjiǔ kuài, xièxie

쓰스지우 쿠와이, 시에시에

利安

감사합니다. 안녕히 계세요.

谢谢，再见。

Xièxie, zàijiàn

시에시에, 짜이지엔

偏头痛[piāntóutòng 피엔토우통] 편두통

服用[fúyòng 푸용] 복용하다

厉害[lìhai 리하이] 심하다

咨询[zīxún 쯔쉰] 자문하다, 상담하다

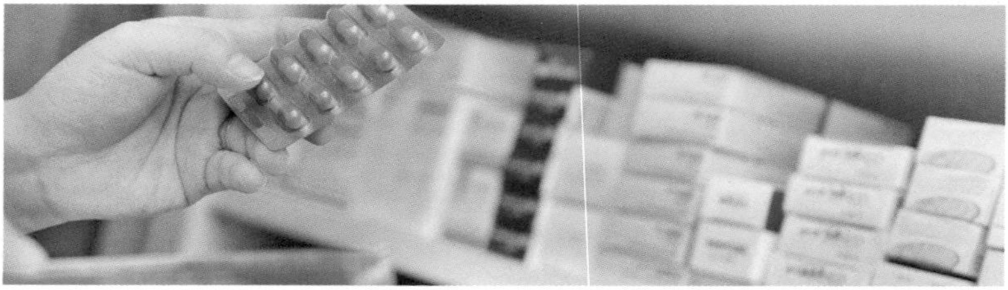

• 중국 약국에서 살 만한 약 리스트

1 감기약

· 新康泰克(12세 이상)

파란색은 가벼운 감기 증상

빨강색은 심한 감기 증상

12시간마다 복용, 복용 후 잠이 쏟아질 수 있으니 주의해야 한다.

· 日衣百服宁(12세 이상) · 白加黑(12세 이상)

2 해열제, 진통제(12세 이상)

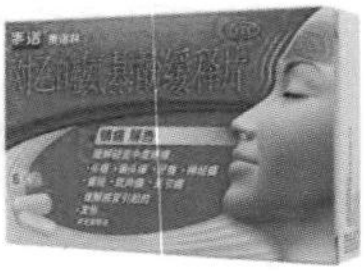

· 타이레놀(泰诺)

· 타이레놀 시럽(泰诺糖浆)

· 이부프로펜(芬必得) : 소염, 진통제

3 소화제

· 健胃消食片(생약 소화제)

· 健儿消食口服液(아이용 액상 소화제)

4 연고

· 후시딘(夫西地酸乳膏) : 상처 피부연고

· 박트로반(百多邦莫匹罗星软膏) : 상처 피부연고

유용한 회화 표현

23-2.mp3

무엇을 도와드릴까요?	您需要什么？ [Nín xūyào shénme 닌 쉬이야오 션머]
의사 처방전이 있나요?	有医生处方吗？ [Yǒu yīshēng chùfāng ma 여우 이셩 추팡 마]
증상에 정확히 맞는 약이 있습니다.	有符合症状的药。 [Yǒu fúhé zhèngzhuàng de yào 여우 푸흐어 쩡쭈앙 더 이야오]
어제 약을 복용해야 하나요?	昨天的药吃了吗？ [Zuótiān de yào chī le ma 쭈어티엔 더 이야오 츠 러 마]
몇 알을 복용해야 하나요?	得吃几粒？ [Děi chī jǐ lì 데이 츠 지 리]
다른 주의사항이 있나요?	有别的注意事项吗？ [Yǒu biéde zhùyì shìxiàng ma 여우 비에더 쭈이 스시앙 마]
햇빛화상을 입은 것 같습니다. 연고를 주실 수 있나요?	好像是太阳光灼伤, [Hǎoxiàng shì tàiyángguāng zhuóshāng, 하오시앙 스 타이양꾸왕 쭈어샹, 可以开软膏吗？ kěyǐ kāi ruǎngāo ma 커이 카이 루안까오 마]
피부가 가려운데, 연고를 주실 수 있나요?	觉得皮肤痒, 给我软膏好吗？ [Juéde pífu yǎng, gěi wǒ ruǎngāo hǎo ma 쥐에더 피푸 양, 게이 워 루안까오 하오 마]
상처가 났는데 연고를 주실 수 있나요?	有伤口, 给开软膏好吗？ [Yǒu shāngkǒu, gěi kāi ruǎngāo hǎo ma 여우 샹코우, 게이 카이 루안까오 하오 마]
식사를 규칙적으로 하세요.	三餐要有规律。 [Sān cān yào yǒu guīlǜ 싼 찬 이야오 여우 꾸이뤼]
일찍 자고 일찍 일어나세요.	请早起早睡。 [Qǐng zǎo qǐ zǎo shuì 칭 자오 치 자오 슈이]
매일 운동하시고요.	每天要运动。 [Měitiān yào yùndòng 메이티엔 이야오 윈똥]

어휘 플러스

取药[qǔyào 취이야오]	약을 타다
开药[kāiyào 카이이야오]	약을 처방하다
血压计[xuèyājì 쉬에야지]	혈압계
温度记[wēndùjì 원뚜지]	온도계
止疼药[zhǐténgyào 즈텅이야오]	진통제
药丸[yàowán 이야오완]	알약
药粉[yàofěn 이야오펀]	가루약
纱布[shābù 샤뿌]	거즈
创可贴[chuàngkětiē 추앙커티에]	반창고
棉签[miánqiān 미인치엔]	면봉
绷带[bēngdài 뻥따이]	의료용 붕대
眼药水[yǎnyàoshuǐ 이엔이야오슈이]	안약
口罩[kǒuzhào 코우짜오]	마스크
药膏[yàogāo 이야오까오]	연고
抗菌素[kàngjūnsù 캉쥐수]	항생제
阿司匹林[āsīpǐlín 아쓰피린]	아스피린
退烧药[tuìshāoyào 투이샤오이야오]	해열제
止痛药[zhǐtòngyào 즈통이야오]	진통제
安眠药[ānmiányào 안미엔이야오]	수면제

중국이 궁금해

중국에서 가장 오래된 약국

황실에 약을 납품하던 동인랑은 1669년에 개업하여 전 세계적으로 유명한 350년 전통의 중국 최고 중의약방이다. 현재 세계 각국에 지점이 있을 정도로 규모가 크고 역사가 오래된 약국이다.

동인랑의 대표 명약 우황청심환은 한국에서도 유명해서 중국 여행을 가면 하나 이상은 꼭 사고 오는 여행 필수 쇼핑 리스트 중의 하나가 된 적이 있었다. 베이징에만 해도 많은 분점이 있는데 가장 유명한 곳은 치엔먼따지에 따슬란점이다. 1층에서는 기성 약품을 판매하고 있고, 2층에서는 한약 처방을 해주고 있다. 한국에 입국 시 반입금지 약재료도 있을 수 있으니 약재에 대한 전문지식이 없다면 주의를 할 필요가 있다.

西城区大栅栏购物中心1层

(010) 6303-1155

www.tongrentang.com

영업시간 : 08:00-19:30

7
일상

지하철 타기

택시 타기

길 찾기

계좌 개설하기

지하철 타기

利安 지하철 표를 사려고 하는데 잔돈으로 바꿀 수 있나요?

我想买地铁票，可以给我换点儿零钱吗？

Wǒ xiǎng mǎi dìtiě piào, kěyǐ gěi wǒ huàn diǎnr língqián ma

워 시앙 마이 띠티에 피아오, 커이 게이 워 후안 디얼 링치엔 마

售票员 가능합니다, 100위안 받았습니다.

可以，收您100块。

Kěyǐ, shōu nín yì bǎi kuài

커이, 쇼우 닌 이 빠이 쿠와이

利安 감사합니다. 혹시 교통카드는 어디에서 사면 될까요?

谢谢，请问公交卡在哪儿办理？

Xièxie, qǐngwèn gōngjiāokǎ zài nǎr bànlǐ

시에시에, 칭원 꽁지아오카 짜이 날 빤리

售票员 앞으로 쭉 가시면 판매하는 곳이 있습니다.

一直往前走，就有办理公交卡的地方。

Yìzhí wǎng qián zǒu, jiù yǒu bànlǐ gōngjiāokǎ de dìfang

이즈 왕 치엔 쪼우, 지우 여우 빤리 꽁지아오카 더 띠팡

利安 교통카드 사려고 하는데 얼마인가요?

我想办张公交卡，多少钱一张？

Wǒ xiǎng bàn zhāng gōngjiāokǎ, duōshao qián yì zhāng

워 시앙 빤 쟝 꽁지아오카, 뚜어샤오 치엔 이 쟝

售票员 보증금 20위안입니다, 얼마 충전하시려고 하나요?

押金20块，您想充多少钱？

Yājīn èrshí kuài, nín xiǎng chōng duōshao qián

야진 얼스 쿠와이, 닌 시앙 총 뚜어샤오 치엔

利安 50위안 충전해주세요, 나중에 반납하면 보증금은 받을 수 있죠?

我想充50块，

Wǒ xiǎng chōng wǔshí kuài,

워 시앙 총 우스 쿠와이,

以后退卡的话退还押金吗？
yǐhòu tuì kǎ de huà tuìhuán yājīn ma
이호우 투이 카 더 화 투이후안 야진 마

售票员 그럼요, 교통카드를 사용하면 할인이 됩니다.
当然了，用公交卡的话能打折。
Dāngrán le, yòng gōngjiāokǎ de huà néng dǎzhé
땅란 러, 용 꽁지아오카 더 화 넝 따저

利安 혹시 교통카드 유효기간이 있나요?
请问公交卡有有效期吗？
Qǐngwèn gōngjiāokǎ yǒu yǒuxiàoqī ma
칭원 꽁지아오카 여우 여우시아오치 마

售票员 유효기간이 있지 않습니다. 사용하시면 됩니다.
没有有效期，您可以继续使用。
Méiyou yǒu xiàoqī, nín kěyǐ jìxù shǐyòng
메이여우 여우시아오치, 닌 커이 지쉬 스용

利安 정말 감사합니다.
太谢谢你了。
Tài xièxie nǐ le
타이 시에시에 니 러

售票员 별 말씀을요.
不客气。
Bú kèqi
부 커치

零钱[língqián 링치엔] 잔돈
充[chōng 총] 충전하다
退还[tuìhuán 투이후안] 돌려주다
有效期[yǒuxiàoqī 여우시아오치] 유효기간
使用[shǐyòng 스용] 사용하다
办理[bànlǐ 빤리] 처리하다
押金[yājīn 야진] 보증금
打折[dǎzhé 따저] 할인하다
继续[jìxù 지쉬] 계속하다

생생 여행 *Tip*

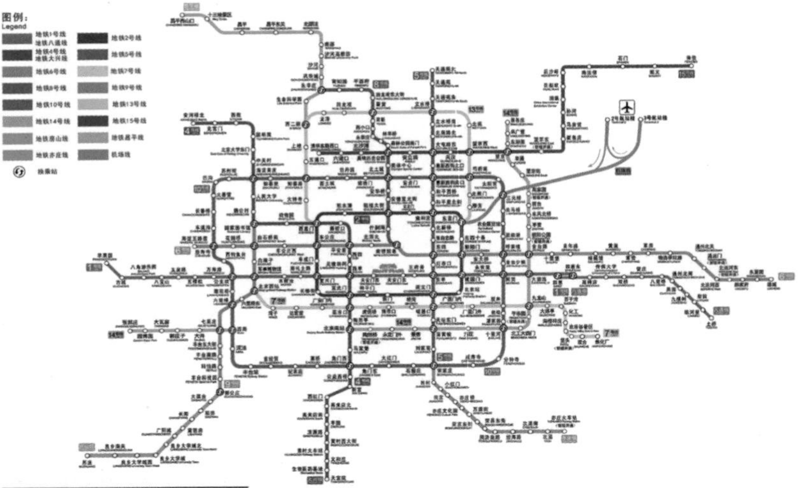

• 중국의 지하철 소개

중국에서 가장 먼저 지하철이 개통된 곳은 베이징으로 1969년에 개통이 되었고, 티엔진이 1976년, 상하이가 1993년에 개통이 되었다.

베이징 지하철 표 가격은 1회 승차시 3위안(540원)부터 시작해 거리에 따라 요금이 다르다. 베이징 지하철은 一卡通(이카통)교통카드를 사용하는데 지하철과 버스에서 모두 이용이 가능하고, 충전도 가능하다. 스마트폰에 易通行(이통싱)이라는 어플을 다운받아서 이용이 가능하다. 이 어플은 알리페이 같은 모바일 결제 시스템과 연동이 되기 때문에 사용에 주의를 해야 한다.

一卡通(이카통)교통카드가 없다면 매표소나 자동판매기를 통해서 1회용 승차권을 구입해서 이용할 수 있고, 내릴 때 보증금을 환불받는 방식이다.

베이징에서는 지하철이 촘촘히 있기 때문에 막히는 택시나 버스보다는 지하철로 이동하는 것이 더 효율적으로 이동할 수 있다. 지하철의 노선은 총 20개의 노선으로 이루어져 있다.

유용한 회화 표현

24-2.mp3

좀 지나갈게요.	借过一下。 [Jièguò yíxià 지에구어 이시아]
먼저 내리고 타세요.	先下后上。 [Xiān xià hòu shàng 시엔 시아 호우 샹]
안쪽으로 들어가세요.	往里挤。 [Wǎng lǐ jǐ 왕 리 지]
죄송한데, 좀 들어갈게요.	不好意思，挤一下。 [Bùhǎoyìsi, jǐ yíxià 뿌하오이쓰, 지 이시아]
다음 역에서 내리시나요?	下站下吗？ [Xià zhàn xià ma 시아 짠 시아 마]
보안검색 통과해야 합니다.	你要过安检。 [Nǐ yào guò ānjiǎn 니 이야오 꾸어 안지에]
가방도 통과해야 하나요?	包也要过吗？ [Bāo yě yào guò ma 빠오 이에 이야오 꾸어 마]
교통카드 어디에서 살 수 있나요?	请问公交卡在哪儿办理？ [Qǐngwèn gōngjiāokǎ zài nǎr bànlǐ 칭원 꽁지아오카 짜이 날 빤리]
실수로 반대로 탔는데 어떻게 하죠?	我坐反方向了，怎么办？ [Wǒ zuò fǎn fāngxiàng le, zěnme bàn 워 쭈어 판 팡시앙 러, 쩐머빤]
교통카드 충전하는 것을 도와주실래요?	你能帮我给公交卡充值吗？ [Nǐ néng bāng wǒ gěi gōngjiāokǎ chōngzhí ma 니 넝 빵 워 게이 꽁지아오카 총즈 마]
물도 검색대에 통과해야 하나요?	安检时水也要拿出来吗？ [Ānjiǎn shí shuǐ yě yào ná chūlái ma 안지엔 스 슈이 이에 이야오 나 추라이 마]
물은 지하철에 가지고 탈 수 없어요?	乘地铁不能带水吗？ [Chéng dìtiě bùnéng dài shuǐ ma 청 띠티에 뿌넝 따이 슈이 마]

어휘 플러스

地铁[dìtiě 띠티에]	지하철
安检[ānjiǎn 안지엔]	검색대
翻越[fānyuè 판위에]	뛰어넘다
栏杆[lángǎn 란깐]	난간
乘[chéng 청]	타다
扶梯[fútī 푸티]	계단
电动扶梯[diàndòng fútī 띠엔똥 푸티]	에스컬레이터
电梯[diàntī 띠엔티]	엘리베이터
候车[hòuchē 호우처]	차를 기다리다
排队[páiduì 파이뚜이]	줄
换乘[huànchéng 후안청]	환승
开往[kāiwǎng 카이왕]	~로 향하여 출발하다
列车[lièchē 리에처]	열차
进站[jìnzhàn 진짠]	역에 들어오다
下一站[xià yí zhàn 시아 이 짠]	다음 역
前方[qiánfāng 치엔팡]	전방
上车[shàngchē 샹처]	타다
下车[xiàchē 시아처]	내리다
号线[hàoxiàn 하오시엔]	호선
本站[běnzhàn 뻔짠]	본 역

중국이
궁금해

중국 지하철역의 검색대

중국의 지하철을 가면 낯선 광경을 마주할 수 있을 것이다.
공항에서만 있을 것 같은 검색대가 지하철을 탈 때마다 통과해야 하는 번거로움이 생기게 된다. 2008년 베이징올림픽을 개최하면서 테러 방지로 시작을 하여 중국 전역의 지하철역에 의무적으로 설치가 되었다.
베이징 지하철 보안검색대 설치는 2008년 북경올림픽 안전강화 방침에 따른 조치였다. 도시 곳곳 주요시설과 경기장 입구에 검색대가 설치됐다. 당시 많은 시민들은 의례적인 조치로 여기며 올림픽 후에 철거 될 것으로 판단했다.
익숙하지 않은 외국인에게는 무지 귀찮을 것 같은 일들이 중국인들에게는 일상과 마찬가지로 자연스럽게 검색대를 통과하기 전에 가방을 넣고 지나간다.

얼마 전에 베이징에 갔을 때 요령을 피울 맘으로 작은 가방을 메고 모른척 지나가다가 보안원에게 걸려서 가방을 넣고 다시 지나간 적이 있었다.
중국의 지하철 검색대를 이용할 때는 배낭을 벗어서 보안검색 위에 올려놓고 생수병이 있으면 생수병을 꺼내 보안요원 앞에서 물 한 모금 마신다. 이 액체가 음료라서 안전하다는 표현이다.
그러나 음료에 대해서 일일이 검사하는 경우는 극히 드물다. 보통은 가방에 대해 x-ray를 통해서 검사하는 것이 일반적이라고 보면 될 것이다. 하루에도 수차례씩 지하철을 이용하는 지하철이 있는 중국의 어느 도시를 막론하고 탑승 전에는 공항 수준의 보안검색대를 거친 후 승차카드를 찍어야 한다.

司机 손님, 어디로 가시나요?

先生，去哪儿？

Xiānsheng, qù nǎr

시엔셩, 취 날

利安 시 중심 미술관으로 가요.

去市中心美术馆。

Qù shì zhōngxīn měishùguǎn

취 스 쭝신 메이슈구안

司机 서점 건너편 그곳인가요?

是书店对面的那个吗？

Shì shūdiàn duìmiàn de nàge ma

스 슈디엔 뚜이미엔 더 나거 마

利安 맞아요, 바로 그곳이요.

对，就是那里。

Duì, jiùshì nàli

뚜이, 지우스 나리

利安 이곳에서 공항이 얼마나 머나요?

这儿离机场有多远？

Zhèr lí jīchǎng yǒu duō yuǎn

쪌 리 지챵 여우 뚜어 위엔

司机 운전해서 가면 대략 1시간 정도요.

开车大约一个小时。

Kāichē dàyuē yí ge xiǎoshí

카이쳐 따위에 이 거 시아오스

利安 제가 10시 전에 공항에 도착해야 하는데 도착할 수 있을까요?

我得在十点前赶到机场，来得及吗？

Wǒ děi zài shí diǎn qián gǎn dào jīchǎng, láidejí ma

워 데이 짜이 스 디엔 치엔 간 따오 지챵, 라이더지 마

司机 제가 최선을 다하겠습니다.

我会尽力的。

Wǒ huì jìnlì de

워 후이 진리 더

다른 상황 소개

司机 손님, 어디 가시나요?

先生，去哪儿？

Xiānsheng, qù nǎr

시엔셩, 취 날

利安 저는 이 주소로 가려고 합니다.

我要去这个地址。

Wǒ yào qù zhège dìzhǐ

워 이야오 취 쩌거 디즈

司机 도착했습니다, 은행 맞은편입니다.

到了，银行对面就是。

Dào le, yínháng duìmiàn jiùshì

따오 러, 인항 뚜이미엔 지우스

利安 네, 얼마인가요?

好，多少钱？

Hǎo, duōshao qián

하오, 뚜어샤오 치엔

美术馆[měishùguǎn 메이슈구안] 미술관

对面[duìmiàn 뚜이미엔] 맞은편

来得及[láidejí 라이더지] 제때에 맞게

地址[dìzhǐ 띠즈] 주소

书店[shūdiàn 슈디엔] 서점

机场[jīchǎng 지창] 공항

尽力[jìnlì 진리] 힘을 다하다

• 띠띠추싱 택시 부르기 앱

중국에서 여행을 하면서 쉽게 이동하기 위해서는 택시를 타는 경우도 있지만 택시가 잘 잡히지 않는 경우가 있다. 그럴 때는 띠띠추싱(滴滴出行)앱에서 택시를 부르고 결제까지 앱으로 하고 이동경로를 확인할 수 있고, 가격 때문에 흥정할 필요도 없어 편리하다. 중국어를 몰라도, 중국 전화번호가 없어도, 위쳇페이나 알리페이 같은 중국 내 결제수단 없이도 사용이 가능하다.

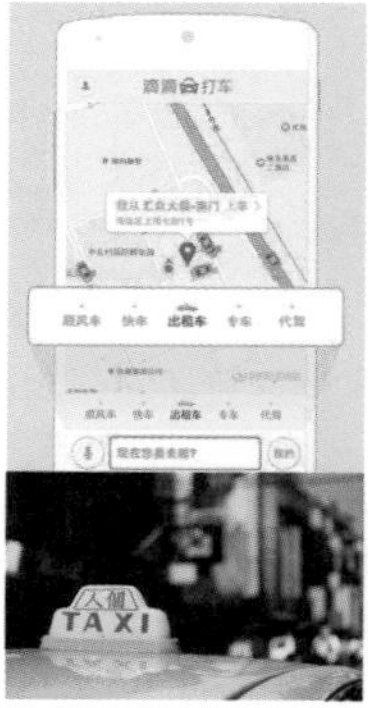

다운받은 다음에 가입 설정을 합니다. 한국 전화번호를 넣으면 승인번호가 메시지로 오고, 그걸 입력하면 가입이 되는 방식이다.
화면 하단에 보면 From, to 메뉴가 위아래로 있는데 From은 Current location 현재위치로 되어 있고, To에는 가고자 하는 위치를 입력하면 된다. 차를 찾으면 차량 정보와 차량 번호가 뜨면서 예상도착시간을 알려둔다.

차를 기다리는 동안 기사와 메시지를 주고 받을 수 있는데 상대방이 중국어로 보내면 영어로 자동 번역되어 오고, 영어로 보내면 상대방에겐 중국어로 번역이 된다.

유용한 회화 표현

25-2.mp3

안전벨트 착용하세요.	安全带拉上哦。 [Ānquándài lā shàng ò 안취엔따이 라 샹 워]
길가에 세워주세요.	靠边停一下。 [Kàobiān tíng yíxià 카오비엔 팅 이시아]
우선 지하철역으로 가주세요.	先到地铁站吧。 [Xiān dào dìtiězhàn ba 시엔 따오 띠티에짠 바]
여기서 유턴해서 가주세요.	就往这儿掉头这样过去。 [Jiù wǎng zhèr diàotóu zhèyàng guòqù 지우 왕 쩔 띠아오토우 쩌이양 꾸어취]
그럼 편한 곳에서 세워주세요.	那你就哪里方便你就停那里吧。 [Nà nǐ jiù nǎlǐ fāngbiàn nǐ jiù tíng nàlǐ ba 나 니 지우스 나리 팡비엔 니 지우 팅 나리 바]
제가 길 안내할게요.	我帮你指路。 [Wǒ bāng nǐ zhǐlù 워 빵 니 즈루]
우리 왼쪽에 있는건지 아니면 오른쪽에 있는건가요?	大概是在咱们左手边还是右手边? [Dàgài shì zài zánmen zuǒshǒubiān háishi yòushǒubiān 따까이 스 짜이 잔먼 쭈어쇼우비엔 하이스 여우쇼우비엔]
다음 신호등에서 좌회전이에요.	下一个红绿灯左拐。 [Xià yí ge hónglǜdēng zuǒ guǎi 시아 이 거 홍뤼떵 쭈어 꾸와이]
그리고 쭉 가세요.	然后就一直走。 [Ránhòu jiù yìzhí zǒu 란호우 지우 이즈 쪼우]
영수증 드릴까요?	你要票吗? [Nǐ yào piào ma 니 이야오 피아오 마]
영수증 괜찮았어요.	发票不用了。 [Fāpiào búyòng le 파피아오 부용 러]
천천히 가주세요, 멀미가 나요.	麻烦开得慢一点, 我晕车。 [Máfan kāi de màn yìdiǎn, wǒ yùnchē 마판 카이 더 만 이디엔, 워 윈쳐]
좀 빨리 가주세요, 제가 좀 급해서요.	麻烦开得快一点, 我赶时间。 [Máfan kāi de kuài yìdiǎn, wǒ gǎn shíjiān 마판 카이 더 쿠와이 이디엔, 워 간 스지엔]
네비게이션 안내대로 운전해 주세요.	师傅, 麻烦按照导航走。 [Shīfu, máfan ànzhào dǎoháng zǒu 스푸, 마판 안짜오 따오항 쪼우]

어휘 플러스

司机[sījī 쓰지]	운전기사
师傅[shīfu 스푸]	운전기사
打车[dǎchē 따쳐]	택시를 잡다
出租车[chūzūchē 츄주쳐]	택시
的士[díshì 디스]	택시
打车软件[dǎchē ruǎnjiàn 따쳐 루안지엔]	택시 앱
空车[kōngchē 콩쳐]	빈차
停车[tíngchē 팅쳐]	차를 세우다
掉头[diàotóu 띠아오토우]	유턴하다
左拐[zuǒguǎi 쭈어꾸와이]	좌회전하다
右拐[yòuguǎi 여우꾸와이]	우회전하다
丁字路口[dīngzìlùkǒu 띵쯔루코우]	삼거리
专车[zhuānchē 쮸안쳐]	전용차
起步价[qǐbùjià 치뿌지아]	기본요금
发票[fāpiào 파피아오]	영수증
红绿灯[hónglǜdēng 홍뤼떵]	신호등
门口[ménkǒu 먼코우]	입구

중국이 궁금해

도시별 택시 요금

중국에서 택시를 타면 각 도시별로 요금의 차이가 있다. 주요 도시의 기본요금을 살펴보면 다음과 같다.

- 베이징 13위안 (약 2,300원)
- 상하이 14위안 (약 2,500원)
- 항저우 11위안 (약 2,000원)
- 션쩐 13위안 (약 2,300원)
- 지남 8위안 (약 1,400원)
- 티엔진 8위안 (약 1,400원)
- 광저우 7위안 (약 1,200원)

일반적으로 3킬로미터를 기본요금으로 계산이 되며, 추가 1킬로미터마다 보통 2~3위안 올라간다. 밤 11시부터 새벽 5시까지 할증이 붙는 곳도 있는데 각 도시별로 다르다. 대부분 기본요금의 약 20%가 할증이 붙는다고 생각하면 된다.

상하이 택시비 기준

킬로미터 당	일반요금(05:00-23:00)	야간할증(23:00-05:00)
0-3킬로미터	14위안	18위안
3-15킬로미터	2.5위안/킬로미터 당	3.1위안/킬로미터 당
15킬로미터 이상	3.6위안/킬로미터 당	4.7위안/킬로미터 당
할증부분	15킬로미터 이상일 경우 50% 할증 / 야간 할증 시간에 30% 할증	

利安

죄송한데, 이곳 어떻게 가시는지 알아요?

请问, 你知道这个地方怎么走吗？

Qǐngwèn, nǐ zhīdào zhège dìfang zěnme zǒu ma
칭원, 니 즈따오 쩌거 띠팡 쩐머 쪼우 마

先生

죄송합니다, 저도 잘 모르니 다른 분에게 물어보세요.

不好意思, 我也不清楚, 问一下别人吧。

Bùhǎoyìsi, wǒ yě bù qīngchu, wèn yíxià biérén ba
뿌하오이쓰, 워 이에 뿌 칭츄, 원 이시아 비에런 바

利安

그렇군요, 당신도 이곳 사람이 아닌가보네요?

好的, 你也不是本地人吗？

Hǎo de, nǐ yě búshì běndìrén ma
하오 더, 니 이에 부스 번띠런 마

先生

네, 저도 여행 왔습니다.

是的, 我也是来旅游的。

Shì de, wǒ yěshì lái lǚyóu de
스 더, 워 이에스 라이 뤼여우 더

利安

그렇군요, 다른 분에게 물어볼게요.

原来是这样, 我要问一下别人吧。

Yuánlái shì zhèyàng, wǒ yào wèn yíxià biérén ba
위엔라이 스 쩌이양, 워 이야오 원 이시아 비에런 바

다른 상황 소개

利安 죄송한데 이 음식점 요리가 맛있나요?

请问, 这家饭店的菜好吃吗?

Qǐngwèn, zhè jiā fàndiàn de cài hǎochī ma
칭원, 쩌 지아 판디엔 더 차이 하오츠 마

先生 죄송합니다, 저도 익숙한 곳이 아니라서요, 다른 분에게 물어보세요.

我不熟悉, 问一下别人吧。

Wǒ bù shúxī, wèn yíxià biérén ba
워 뿌 슈시, 원 이시아 비에런 바

利安 당신도 처음 오셨나보네요, 그렇죠?

你好像也是第一次来, 对吗?

Nǐ hǎoxiàng yěshì dì-yīcì lái, duì ma
니 하오시앙 이에스 띠이츠 라이, 뚜이 마

先生 네, 맞아요.

是的。

Shì de
스 더

清楚[qīngchu 칭츄] 명확하다
旅游[lǚyóu 뤼여우] 여행하다
熟悉[shúxī 슈시] 익숙하다

생생 여행 *Tip*

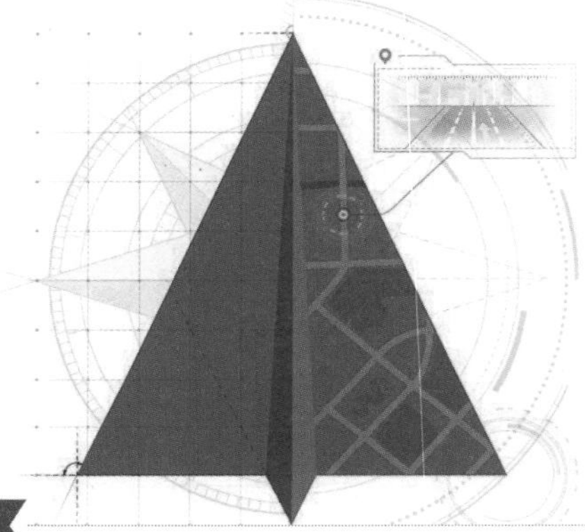

• 고덕맵 어플

중국에서는 구글이 안되기 때문에 구글맵으로 길을 찾으려면 VPN을 켜고 찾아야 한다. 매번 찾을 때마다 켜놓을 수 없기 때문에 현지에서 사용하는 어플을 미리 설치하고 가는 것이 여러모로 유용하다.

현지에서 쓸 수 있는 맵은 대표적으로 바이두맵(百度地图)과 고덕맵(高德地图)이 있는데 고덕맵이 더 정확하고 쓰기가 편할 것이다. 다만 어플을 다운 받을 때 한글이나 영문이 안되기 때문에 중국어를 복사해서 붙여넣기를 해야 하는 불편함이 있다.

장점이라면 중국 길의 구석구석을 아주 자세히 알려주고, 고덕맵으로 택시비도 알 수 있기 때문에 초행길인 여행자에게는 바가지 요금을 쓰지 않을 수 있다.

유용한
회화 표현

26-2.mp3

이 근처에 스타벅스가 어디에 있나요?	**这附近星巴克在哪儿?** [Zhè fùjìn Xīngbākè zài nǎr 쩌 푸진 싱바커 짜이 날]
어느 집이 더 유명한가요?	**哪家更有名?** [Nǎ jiā gèng yǒumíng 나 지아 껑 여우밍]
발 마사지를 하는 곳이 어디에 있나요?	**做足疗的地方在哪儿?** [Zuò zúliáo de dìfang zài nǎr 쭈어 주리아오 더 띠팡 짜이 날]
주변에 볼만한 곳이 있나요?	**你知道这附近有可看的地方吗?** [Nǐ zhīdào zhè fùjìn yǒu kě kàn de dìfang ma 니 즈따오 쩌 푸진 여우 커 칸 더 띠팡 마]
여기에 어떻게 가나요?	**这里怎么走?** [Zhèli zěnme zǒu 쩌리 쩐머 쪼우]
이 근처에 지하철역 있나요?	**这儿附近有地铁站吗?** [Zhèr fùjìn yǒu dìtiězhàn ma 쩔 푸진 여우 띠티에짠 마]
걸어서 갈 수 있나요?	**可以走着去吗?** [Kěyǐ zǒuzheqù ma 커이 쪼우져취 마]
걸어가면 얼마나 걸리나요?	**走着去需要多长时间?** [Zǒuzheqù xūyào duō cháng shíjiān 쪼우져취 쉬이야오 뚜어 창 스지엔]
대략 몇 분이나 걸리나요?	**大概需要几分钟?** [Dàgài xūyào jǐ fēnzhōng 따까이 쉬이야오 지 펀쭝]
왕복하면 얼마나 걸리나요?	**往返需要多长时间?** [Wǎngfǎn xūyào duō cháng shíjiān 왕판 쉬이야오 뚜어 창 스지엔]
다시 한 번 말씀해 주시겠어요?	**请再说一遍好吗?** [Qǐng zài shuō yí biàn hǎo ma 칭 짜이 슈어 이 비엔 하오 마]
천천히 말씀해 주세요.	**请慢点儿说。** [Qǐng màn diǎnr shuō 칭 만 디얼 슈어]
제가 데려다 드릴게요.	**我带你去吧。** [Wǒ dài nǐ qù ba 워 따이 니 취 바]
도와주셔서 감사합니다.	**谢谢你的帮助。** [Xièxie nǐ de bāngzhù 시에시에 니 더 빵쭈]

어휘 플러스

过街天桥[guòjiētiānqiáo 꾸어지에티엔치아오]	육교
人行横道[rénxínghéngdào 런싱헝따오]	횡단보도
十字路口[shízìlùkǒu 스즈루코우]	사거리
掉头[diàotóu 띠아오토우]	유턴하다
左边[zuǒbian 쭈어비엔]	왼쪽
右边[yòubian 여우비엔]	오른쪽
上边[shàngbian 샹비엔]	윗쪽
下边[xiàbian 시아비엔]	아랫쪽
对面[duìmiàn 뚜이미엔]	건너편
旁边[pángbiān 팡비엔]	옆쪽
马路[mǎlù 마루]	길
人行道[rénxíngdào 런싱따오]	인도
地下通道[dìxià tōngdào 띠시아 통따오]	지하통로
地下道[dìxiàdào 띠시아따오]	지하도
地图[dìtú 띠투]	지도
指示牌[zhǐshìpái 즈스파이]	안내판

중국이 궁금해

중국의 창업카페

중국의 베이징에는 스티브잡스처럼 창업의 꿈을 가진 중국 젊은이들이 모여드는 창업카페가 있다. 2011년 4월 출범한 창업거리는 젊은 창업가들과 이들을 돕는 민간단체가 '창업카페'를 플랫폼으로 활발한 창업 생태계를 만든 곳으로 유명하다. 인기 쇼트클립 어플 콰이(快手) CEO 쑤화(宿华)는 이렇게 말한다. "중관촌이 아니였다면 우리는 콰이를 만들 수 없었을 것이며, 머신러닝 기술을 배울 수도 우수한 개발자나 엔지니어도 만날 수 없었을 것이다."

4호선 중관춘역(中关村地铁站)에 내려 A출구(西北出口)로 나와 중관춘 방향으로 20분정도 걸으면 중관춘 입구가 보인다. 입구 앞에 쓰여진 'Inno way'간판을 볼 수 있다. 중관춘(中关村)으로 들어서면 우측에 처쿠카페(车库咖啡) 간판이 보이는데, 2층이 '처쿠카페'이고, 3-4층은 사무실 공간으로 구성되어 있다. 처쿠카페'는 스티브잡스가 '차고'에서 창업한 것을 모티브로 하여 베이징의 실리콘밸리인 '중관춘(中关村)'에 만든 카페가 '처쿠카페'이다.

3W 카페는 2010년에 설립되었고, 1층은 식사와 커피를 할 수 있는 공간이며, 한쪽에는 큰 프로젝터와 스크린이 있다. 저녁 시간에는 예약을 통해 이곳에서 강연 및 제품 설명회도 할 수 있다.

3W카페(http://www.3wcoffee.com)와 처쿠카페(http://www.chekufuhua.com)가 양대 산맥으로 유명하지만 창업거리를 가면 더 많은 카페와 젊은 창업가들을 만날 수 있다. 정부에서도 예비창업자들을 위한 지원을 아낌없이 해주고 있기 때문에 젊은 창업자들이 이곳으로 몰려오고 있다.

계좌 개설하기

利安

안녕하세요, 은행 계좌를 개설하려고 합니다.

你好，我想办一个银行账户。

Nǐ hǎo, wǒ xiǎng bàn yí ge yínháng zhànghù

니 하오, 워 시앙 빤 이 거 인항 짱후

银行职员

알겠습니다, 신분증을 보여주세요.

好的，请出示一下你的身份证。

Hǎo de, qǐng chūshì yíxià nǐ de shēnfènzhèng

하오 더, 칭 츄스 이시아 니 더 션펀쩡

利安

제가 외국인이라서, 여권도 가능한가요?

我是外国人，可以用护照吗？

Wǒ shì wàiguórén, kěyǐ yòng hùzhào ma

워 스 와이구어런, 커이 용 후짜오 마

银行职员

우선 제가 볼 수 있게 주시겠어요?

先给我你的护照看一下，好吗？

Xiān gěi wǒ nǐ de hùzhào kàn yíxià, hǎo ma

시엔 게이 워 니 더 후짜오 칸 이시아, 하오 마

利安

여기 있습니다.

请。

Qǐng

칭

银行职员

이 신청서에 두 번 서명해주세요.

在申请书上，签两次名。

Zài shēnqǐngshū shàng, qiān liǎng cì míng

짜이 션칭슈 샹, 치엔 리앙 츠 밍

利安

여기 맞죠?

在这对吗?

Zài zhè duì ma

짜이 쩌 뚜이 마

银行职员

네 맞습니다.

对，是的。

Duì, shì de

뚜이, 스 더

利安

여기 두 번 서명했습니다.

在这签了两次。

Zài zhè qiān le liǎng cì

짜이 쩌 치엔 러 리앙 츠

银行职员

다 됐습니다. 다음 주에 비밀번호와 카드를 우편으로 보내드릴게요.

可以了，下周会把银行卡和密码邮寄给您。

Kěyǐ le, xiàzhōu huì bǎ yínhángkǎ hé mìmǎ yóujì gěi nín

커이 러, 시아쪼우 후이 바 인항카 흐어 미마 여우지 게이 닌

身份证[shēnfènzhèng 션펀쩡] 신분증

账户[zhànghù 장후] 계좌

签名[qiānmíng 치엔밍] 서명

护照[hùzhào 후짜오] 여권

申请书[shēnqǐngshū 션칭슈] 신청서

생생 여행
Tip

• 중국에서 계좌개설하기

중국에서 생활하려면 은행 계좌는 필수가 되었다. 더욱더 최근에는 支付宝(즈푸바오)나 微信支付(위챗 페이)가 없으면 생활이 불편할 정도로 모바일 페이가 발달했기 때문에 현금을 찾아 쓸 일은 거의 사라졌다.

예전에는 어느 은행이나 계좌를 쉽게 개설할 수 있었지만 정책 변화로 현재는 은행 계좌 개설은 쉽지가 않다. 여권과 중국 핸드폰 번호, 중국 내 거주지 주소가 필요한 것은 예전과 동일하지만 이제는 비자 종류에 따라 계좌개설이 거부되는 경우도 있다. 여행비자의 경우는 대부분의 은행에서는 거절 대상이 되고 있기 때문에 꼼꼼히 확인을 해야 한다. 또한 여권의 유효기간 만료일이 6개월 미만인 경우 계좌 개설이 거부당할 수 있어서 여권의 유효기간도 잘 확인하는 것이 좋다. 영문 이름이 제대로 입력되었는지 반드시 확인을 한 후 서류에 사인을 해야 한다. 영문 이름이 여권과 다르게 기입되면 실명제 확인이 되지 않아 즈푸바오나 위챗 페이에 은행 계좌가 등록되지 않기 때문이다.

유용한 회화 표현

27-2.mp3

계좌를 해지하고 싶습니다.	**我想注销账户。** [Wǒ xiǎng zhùxiāo zhànghù 워 이상 쭈시아오 장후]
현금계좌가 필요합니다.	**我需要现金账户。** [Wǒ xūyào xiànjīn zhànghù 워 쉬이야오 시엔진 장후]
외화계좌를 개설하고 싶습니다.	**我想开外汇账户。** [Wǒ xiǎng kāi wàihuì zhànghù 워 시앙 카이 와이후이 장후]
외국으로 송금이 가능한가요?	**可以往国外汇款吗？** [Kěyǐ wǎng guówài huìkuǎn ma 커이 왕 구어와이 후이쿠안 마]
새 계좌를 열려고 하시는군요.	**您想开一个新账户。** [Nín xiǎng kāi yí ge xīn zhànghù 닌 시앙 카이 이 거 신 장후]
이 금액을 입금하고 싶습니다.	**我想存这些金额。** [Wǒ xiǎng cún zhèxiē jīn'é 워 시앙 춘 쩌시에 진으어]
이 금액을 찾고 싶습니다.	**我想取这些金额。** [Wǒ xiǎng qǔ zhèxiē jīn'é 워 시앙 취 쩌시에 진으어]
송금을 하려고 합니다.	**我想汇款。** [Wǒ xiǎng huìkuǎn 워 시앙 후이쿠안]
계좌를 개설하기 위해 무엇이 필요하나요?	**开户需要些什么？** [Kāi hù xūyào xiē shénme 카이 후 쉬이야오 시에 션머]
신분증, 신청서가 필요합니다.	**需要身份证、开户申请书。** [Xūyào shēnfènzhèng、kāi hù shēnqǐngshū] 쉬이야오 션펀쩡, 카이 후 션칭슈
일주일 뒤에 저희 지점에서 카드를 수령할 수 있습니다.	**一周后您可以在我们网点领取银行卡。** [Yì zhōu hòu nín kěyǐ zài wǒmen wǎngdiǎn lǐngqǔ yínhángkǎ 이 쪼우 호우 닌 커이 짜이 워먼 왕디엔 링취 인항카]

어휘 플러스

取号机[qǔhàojī 취하오지]	번호표기계
定期存款[dìngqī cúnkuǎn 띵치 춘쿠안]	정기예금
外币业务[wàibì yèwù 와이삐 이예우]	외환업무
银行卡[yínhángkǎ 인항카]	은행카드
存折[cúnzhé 춘저]	예금통장
帐号[zhànghào 짱하오]	계좌번호
利息[lìxī 리시]	이자
假币[jiǎbì 지아삐]	위조지폐
换钱[huànqián 후안치엔]	환전
汇款[huìkuǎn 후이쿠안]	송금하다
开户[kāihù 카이후]	계좌를 개설하다
存款[cúnkuǎn 춘쿠안]	입금하다
取款[qǔkuǎn 취쿠안]	인출하다
提款单[tíkuǎndān 티쿠안딴]	출금표
存款通知单[cúnkuǎn tōngzhīdān 춘쿠안 통즈딴]	예금 입금표
密码[mìmǎ 미마]	비밀번호
余额[yú'é 위으어]	잔고
自动取款机[zìdòng qǔkuǎnjī 쯔똥 취쿠안지]	ATM기
借记卡[jièjìkǎ 지에지카]	체크카드

중국이 궁금해

중국의 은행

중국은행은 상업은행과 정책성 은행이 있는데 상업은행은 국유상업은행과 주식제 상업은행으로 나눌 수 있다.

공상은행(工商银行)

ICBC라고 불리는 공상은행은 1984년 기업자금 대출과 예금을 담당하기 위해 설립되었다. 중국 내 최대 규모의 은행으로 한국에도 서울과 부산에 지점이 있다.

중국은행(中国银行)

中行이라고도 불리는 중국은행은 1904년 청나라에 의해 대청호부은행으로 시작해서 1912년 손문에 의해 중국은행이 명칭이 변경되었다. 공상은행과 마찬가지로 외환거래 부분 특화로 시작된 은행이다. 한국에도 4개 지점을 비롯하여 해외에도 많은 지점을 보유하고 있다.

건설은행(建设银行)

건설은행은 공상은행과 같이 사회기반 시설 확충에 자금을 공급하기 위한 목적으로 설립된 특수은행이다. 1994년 전문기능을 국가개발 은행에 이관하고 국유상업은행으로 전환했으며, 2004년 BIS를 확충하여 2005년 10월에 홍콩증시에 상장했다.

농업은행(农业银行)

농업은행은 농촌 경제의 발전을 위해 설립된 특수목적은행으로 출범했지만 1994년 특수목적 기능을 농업개발은행에 이관한 후 국유상업은행으로 전환하였다.

8
거주

부동산에 문의하기

이사할 집 둘러보기

이사 계획하기

부동산에 문의하기

中介人

안녕하세요, 부동산 사무실입니다.

您好，这里是房屋中介。

Nín hǎo, zhèli shì fángwū zhōngjiè

닌 하오, 쩌리 스 팡우 쭝지에

利安

안녕하세요, 저 혼자 살 집을 구하고 있습니다.

您好，我在找一个人住的房子。

Nín hǎo, wǒ zài zhǎo yí ge rén zhù de fángzi

닌 하오, 워 짜이 짜오 이 거 런 쭈 더 팡즈

中介人

집을 임차하려고 하시나요 아니면 매매하려고 하시나요?

您是要租还是要买呢？

Nín shì yào zū háishi yào mǎi ne

닌 스 이야오 쭈 하이스 이야오 마이 너

利安

임차할 집을 찾고 있습니다.

我要租房。

Wǒ yào zūfáng

워 이야오 쭈팡

中介人

그렇군요, 어디서 거주하고 싶으신가요?

哦，您想住在什么样的区域？

Ò, nín xiǎng zhù zài shénmeyàng de qūyù

오, 닌 시앙 쭈 짜이 션머양 더 취위

利安

한국인이 많이 사는 곳을 추천 해주세요.

推荐韩国人住得比较多的地方吧。

Tuījiàn Hánguórén zhù de bǐjiào duō de dìfang ba

투이지엔 한구어런 쭈 더 비지아오 뚜어 더 띠팡 바

中介人

어떤 종류의 집을 원하시나요?

您需要哪种类型的房子？

Nín xūyào nǎ zhǒng lèixíng de fángzi

닌 쉬이야오 나 쭝 레이싱 더 팡즈

利安

딱히 따지는 것은 없고, 깨끗하고 안전한 곳이면 됩니다.

没有特别挑剔的，干净安全就可以。

Méiyou tèbié tiāotī de, gānjìng ānquán jiù kěyǐ

메이여우 트어비에 티아오티 더, 깐징 안취엔 지우 커이

中介人

언제 이사하려고 하시나요?

打算什么时候搬家？

Dǎsuan shénmeshíhou bānjiā

따수안 션머스호우 빤지아

利安

9월 초 정도요.

大概九月初。

Dàgài jiǔ yuè chū

따까이 지우 위에 츄

中介人

알겠습니다. 저희가 구경할 집을 준비해놓겠습니다.

好的，我们提供您可以参观的房子。

Hǎo de, wǒmen tígòng nín kěyǐ cānguān de fángzi

하오 더, 워먼 티꽁 닌 커이 찬구안 더 팡즈

利安

오후 3시 정도에 사무실로 가겠습니다. 감사합니다.

我下午三点左右去你们办公室，谢谢。

Wǒ xiàwǔ sān diǎn zuǒyòu qù nǐmen bàngōngshì, xièxie

워 시아우 싼 디엔 쭈어여우 취 니먼 빤공스, 시에시에

房屋中介[fángwū zhōngjiè 팡우 쭝지에] 부동산

类型[lèixíng 레이싱] 유형

干净[gānjìng 깐징] 깨끗하다

提供[tígòng 티꽁] 제공하다

租房[zūfáng 쭈팡] 임대하다

挑剔[tiāotī 티아오티] 트집을 잡다

搬家[bānjiā 빤지아] 이사하다

생생 여행

Tip

• 중국에서 집 구하기

중국에서 집을 구할 때는 반드시 확인해야 할 것이 몇 가지 있다.

중개인을 통하지 않고 직접 집을 구할 때는 반드시 서면 계약서를 작성하여 증거자료를 만들어야 한다. 보통 집을 구할 때는 3개월에 한번 납부, 혹은 6개월, 1년치를 한 번에 납부하는 방법이 있는데 장기간 사용을 한다면 주인과 협의하여 약간의 할인도 받을 수 있다.
계약을 하고, 주숙등기를 하면 된다, 주숙등기는 외국인이 중국에 관광, 출장 등의 이유로 체류하는 경우, 본인의 투숙지를 관할하는 경찰서에 신고하는 것을 의미한다.

유용한 회화 표현

28-2.mp3

임대할 집을 찾고 있습니다.	**我想求租出租房。** [Wǒ xiǎng qiú zū chū zūfáng 워 시앙 치우 쭈 츄 쭈팡]
매매할 집을 찾고 있습니다.	**我想求购出售房。** [Wǒ xiǎng qiú gòu chū shòufáng 워 시앙 치우 꼬우 츄 쇼우팡]
외국인인데 준비할 서류가 있나요?	**我是外国人，需要准备资料吗？** [Wǒ shì wàiguórén, xūyào zhǔnbèi zīliào ma 워 스 와이구어런, 쉬이야오 준뻬이 쯔리아오 마]
임대조건이 어떻게 되나요?	**您想租什么样条件的呢？** [Nín xiǎng zū shénmeyàng tiáojiàn de ne 닌 시앙 쭈 셔머이양 티아오지엔 더 너]
월 임대료 3,000위안 정도의 집을 원합니다.	**我想租每月租金3000块左右的房屋。** [Wǒ xiǎng zū měi yuè zūjīn sān qiān kuài zuǒyòu de fángwū 워 시상 쭈 메이 위에 쭈진 산 치엔 쿠와이 쭈어여우 더 팡우]
방이 몇 개 필요하신가요?	**需要有几间卧室？** [Xūyào yǒu jǐ jiān wòshì 쉬이야오 여우 지 지엔 워스]
시내에 거주하려고 합니다.	**我想住在市区。** [Wǒ xiǎng zhù zài shìqū 워 시앙 쭈 짜이 스취]
중심가에 있는 아파트면 가장 좋습니다.	**最好是市中心的公寓。** [Zuìhǎo shì shì zhōngxīn de gōngyù 쭈이하오 스 스 쭝신 더 꽁위]
집 근처에 편의시절이 있으면 가장 좋습니다.	**如果周围有服务设施就更好了。** [Rúguǒ zhōuwéi yǒu fúwù shèshī jiù gèng hǎo le 루구어 쪼우웨이 여우 푸우 셔스 지우 껑 하오 러]

어휘
플러스

房产中介[fángchǎn zhōngjiè 팡찬 쭝지에]	부동산
合同[hétóng 흐어통]	계약서
中期款[zhōngqīkuǎn 쭝치쿠안]	중도금
尾期款[wěiqīkuǎn 웨이치쿠안]	잔금
佣金[yòngjīn 용진]	수수료
租金[zūjīn 쭈진]	임대료
出租人[chūzūrén 츄주런]	임대인
租屋人[zūwūrén 쭈우런]	임차인
平方米[píngfāngmǐ 핑팡미]	평방미터
房间[fángjiān 팡지엔]	방
房子[fángzi 팡즈]	집
房屋[fángwū 팡우]	집, 가옥
公寓[gōng yù 꽁위]	아파트
住宅[zhùzhái 쮸짜이]	주택
小区[xiǎoqū 시아오취]	아파트 단지
办公楼[bàngōnglóu 빤공스]	오피스텔
写字楼[xiězìlóu 시에쯔로우]	오피스텔
楼价[lóujià 로우지아]	아파트 가격

중국이 궁금해

중국과 한국의 단위 차이

한국에서 10里(리)는 4킬로미터인데 반해 중국은 10리를 5킬로미터로 환산을 한다. 중국의 만리장성은 리(里)로 계산하면 같은 일만 리(里)이지만 만리장성을 킬로미터으로 환산을 하면 그 차이는 엄청나게 벌어지는 이유가 된다.

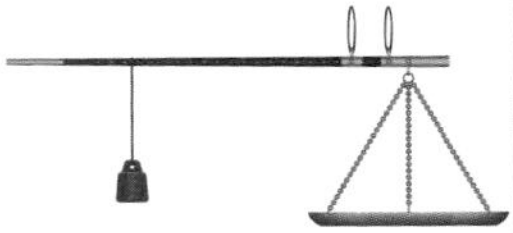

도량형에서도 중국은 1斤(근)을 정확하게 500g으로 하고 있지만 한국은 600g으로 하고 있다. 한국은 건축 방면에서 대화를 하다 보면 한국인은 한 평(坪) 두 평하고 평으로 계산을 하고 있지만 중국은 평방미터(㎡)로 계산을 한다. 그러다보니 서로 같은 평수로 이야기하면 실제 면적은 다를 수 밖에 없다. 한국에서 1평하면 3.3제곱미터(3.3㎡)를 일컫는데 반해 중국에서의 1평은 1제곱미터(1㎡)를 가리킨다. 따라서 중국에서 100평이라고 하면 한국평수로는 약 33평형의 아파트가 된다. 그렇기 때문에 양국 간의 단위차이를 잘 기억을 해서 서로 의사소통을 하는데 오해가 없어야 할 것이다.

이사할 집 둘러보기

中介人 바로 이 집입니다. 들어가시죠.

就是这家，我们进去吧。

Jiùshì zhè jiā, wǒmen jìnqù ba

지우스 쩌 지아, 워먼 진취 바

利安 아주 멋지네요, 편안한 느낌이 들어요.

非常漂亮，感觉很舒服。

Fēicháng piàoliang, gǎnjué hěn shūfu

페이창 피아오리앙, 간쥐에 헌 슈푸

中介人 여기에 있는 가구와 가전제품들은 그대로 사용하심 됩니다.

这里的家具和家电都可以使用。

Zhèli de jiājù hé jiādiàn dōu kěyǐ shǐyòng

쩌리 더 지아쥐 흐어 지아띠엔 또우 커이 스용

利安 그래요? 따로 살 것들이 없네요.

是吗？不需要另外买什么了。

Shì ma bù xūyào lìngwài mǎi shénme le

스 마? 뿌 쉬이야오 링와이 마이 션머 러

中介人 여기가 부엌인데 다른 집보다 넓은 편입니다.

这是厨房，比一般人家宽敞。

Zhè shì chúfáng, bǐ yìbān rénjiā kuānchang

쩌 스 츄팡, 비 이빤 런지아 쿠안창

利安 냉장고에 냉동실도 있죠? 문을 열어봐도 되죠?

冰箱有冷冻室吧？可以打开看看吗？

Bīngxiāng yǒu lěngdòngshì ba kěyǐ dǎkāi kànkan ma

삥시앙 여우 렁똥스 바 커이 따카이 칸칸 마

中介人 그럼요, 열어보셔도 됩니다.

当然，可以打开看。

Dāngrán, kěyǐ dǎkāi kàn

땅란, 커이 따카이 칸

利安 저 혼자 쓰기에 적당한 크기네요.

大小正适合我一个人用。

Dàxiǎo zhèng shìhé wǒ yí ge rén yòng
따시아오 쩡 스흐어 워 이 거 런 용

中介人 이제 욕실을 보여드릴게요.

再给您看看浴室。

Zài gěi nín kànkan yùshì
짜이 게이 닌 칸칸 위스

利安 여기는 샤워실과 욕조가 있네요, 다른 집을 더 볼 필요가 없겠네요.

这是淋浴间和浴缸，不需要再看别的房子了。

Zhè shì línyùjiān hé yùgāng, bù xūyào zài kàn biéde fángzi le
쩌 스 린위지엔 흐어 위깡, 뿌 쉬이야오 짜이 칸 비에더 팡즈 러

中介人 집 근처에 편의시설이 다 있어서 생활하는데 불편하지 않을거에요.

公寓附近服务设施很全，生活应该很方便。

Gōngyù fùjìn fúwù shèshī hěn quán, shēnghuó yīnggāi hěn fāngbiàn
꽁위 푸진 푸우 셔지 헌 취엔, 셩후어 잉까이 헌 팡비엔

利安 그럼 제가 돌아가서 더 고민해보고 연락드려도 될까요?

那我回去后想想，再联系您可以吗？

Nà wǒ huíqù hòu xiǎngxiang, zài liánxì nín kěyǐ ma?
나 워 후이취 호우 시앙시앙, 짜이 리엔시 닌 커이 마

中介人 그럼요, 고민해보시고 연락주세요.

当然可以，你考虑一下再联系吧。

Dāngrán kěyǐ, nǐ kǎolǜ yíxià zài liánxì ba
땅란 커이, 니 카오뤼 이시아 짜이 리엔시 바

家具[jiājù 지아쥐] 가구
家电[jiādiàn 지아띠엔] 가전
宽敞[kuānchang 쿠안창] 넓다
浴室[yùshì 위스] 욕조
设施[shèshī 셔스] 시설

생생 여행

Tip

• 이사할 때 사용하는 앱

自如(ziroom)은 대형 부동산 기업인 链家(리엔지아)에서 운영하는 플랫폼으로 집주인이 쯔룸에 집을 맡기면 쯔룸에서 인테리어 후 세입자에게 임대하는 구조이다.

앱을 들어가면 도시가 맞게 설정이 되었는지 확인하고 整组로 들어가면 현재 올라와 있는 집 목록을 볼 수 있으며, 위치나 입주 시기 등을 설정하여 조건에 맞는 집을 찾을 수 있다. 마음에 드는 집을 보고 싶은 경우 앱에서 방문 예약 후 보러 갈 수 있다. 집을 직접 보러 가기 전에 신용점수를 올려야 한다. 신용도를 올리는 방법은 실명 인증을 하면 70점이 넘어서 예약이 가능하다.

실명 인증을 하기 위해서는 3가지 자료가 필요하다. 첫 번째로 여권 앞면이 보이게 들고 찍은 사진, 두 번째로 비자면 사진, 세 번째로 직장 또는 학위를 증명하는 서류를 올려야 한다.

만약에 계약을 하게 된다면 부동산 중개비를 내지 않는 대신 서비스 이용료를 내야 한다. 매달 월세의 10% 정도에 해당하며 1년 치를 일시불로 내면 할인이 가능하다.

유용한
회화 표현

29-2.mp3

집 광고를 보고 연락드렸어요.	**我看到广告打的电话。** [Wǒ kàndào guǎnggào dǎ de diànhuà 워 깐따오 꾸앙까오 따 더 띠엔화]
집을 직접 보고 싶어요.	**我想亲眼看看房子。** [Wǒ xiǎng qīnyǎn kànkan fángzi 워 시앙 친이엔 칸칸 팡즈]
물론 집을 직접 보실 수 있습니다.	**当然可以亲自看房子。** [Dāngrán kěyǐ qīnzì kàn fángzi 땅란 커이 친쯔 칸 팡즈]
집은 이미 비어 있습니다.	**房子已经空着。** [Fángzi yǐjīng kōngzhe 팡즈 이징 콩져]
냉장고, 식기세척기, 주방은 빌트인입니다.	**冰箱, 洗碗机, 厨房是内置式的。** [Bīngxiāng, xǐwǎnjī, chúfáng shì nèizhìshì de 삥시앙, 시완지, 츄팡 스 네이즈스 더]
부동산 수수료는 어떻게 되나요?	**中介手续费是多少？** [Zhōngjiè shǒuxùfèi shì duōshao 쭝지에 쇼우쉬페이 스 뚜어샤오]
계약기간은 보통 얼마나 되죠?	**合同期限一般多长时间？** [Hétóng qīxiàn yìbān duō cháng shíjiān 흐어통 치시엔 이빤 뚜어 창 스지엔]
사용하다가 문제가 생기면 누구한테 연락하면 되나요?	**如果使用出现问题, 应该联系谁？** [Rúguǒ shǐyòng chūxiàn wèntí, yīnggāi liánxì sheí 루구어 스용 츄시엔 원티, 잉까이 리엔시 쉐이]
저는 외국인인데 준비할 서류가 무엇이 있죠?	**我是外国人, 需要准备什么资料？** [Wǒ shì wàiguórén, xūyào zhǔnbèi shénme zīliào 워 스 와이구어런, 쉬이야오 쥰뻬이 션머 쯔리아오]
혹시 단기계약도 가능하나요?	**请问能签短期合同吗？** [Qǐngwèn néng qiān duǎnqī hétóng ma 칭원 넝 치엔 뚜안치 흐어통 마]
월세와 보증금이 얼마인지 궁금해요.	**我想知道月租金和押金是多少。** [Wǒ xiǎng zhīdào yuèzūjīn hé yājīn shì duōshao 워 시앙 즈따오 위에쭈진 흐어 야진 스 뚜어샤오]

어휘 플러스

房奴[fángnú 팡누]	하우스푸어
房东[fángdōng 팡똥]	집주인
押金[yājīn 야진]	보증금
租金[zūjīn 쭈진]	임대료
管理费[guǎnlǐfèi 꾸안리페이]	관리비
包装搬家[bāozhuāng bānjiā 빠오쭈앙 빤지아]	포장 이사
广告[guǎnggào 꾸앙까오]	광고
房子[fángzi 팡즈]	집
条件[tiáojiàn 티아오지엔]	조건
短期合同[duǎnqī hétóng 뚜안치 흐어통]	단기계약
长期合同[chángqī hétóng 창치 흐어통]	장기계약
材料[cáiliào 차이리아오]	서류
手续费[shǒuxùfèi 쇼우쉬페이]	수수료
云梯车[yúntīchē 윈티쳐]	사다리차
电梯[diàntī 띠엔티]	엘리베이터

중국이 궁금해

부동산과 계약할 때 주의해야 할 점

집을 구할 때 알아보는 방법은 다양하다. 요즘은 앱을 통해서도 가능하지만 직접 부동산에서 알아보는 것이 시간을 절약하는 한 방법이다. 계약을 하기 전에 미리 본인의 요구를 다 말 할 필요가 있으며, 집에 있는 시설물을 꼼꼼하게 살피고 사진으로 남겨두어야 나중에 계약이 완료될 때 잘 해결할 수 있다.계약을 할 때는 필히 주인의 신분증과 등기증을 확인한다. 만약 집주인이 아니고 다른 사람일 경우 집주인의 위임장을 갖고 있는지 확인한다. 이 부분까지는 한국의 부동산과 계약할 때와 비슷하다. 금액 지불방법은 계약하기에 따라 다른데 계약 시 2개월간의 보증금(야진), 1개월 집세를 선불로 지급한다. 부동산 수수료는 1개월 월세의 절반은 임대인, 절반은 임차인이 지급한다. 주의사항으로는 영수증을 받아서 계약서와 함께 잘 보관해야 하고, 영수증은 계약 만료 후, 보증금을 돌려받을 때 증거자료로 필요하다.

아래와 같은 사항은 꼼꼼히 살펴서 진행해야 한다.

1 입주일전에 수리가 잘되었는지?
2 관리비, 전기세, 물세, 가스비등은 부동산에서 알려줌
3 집주인과 협의 후 현관열쇠를 교환하는 것이 좋다
4 전화와 인터넷은 본인의 명의로 신청하는 것이 빠르고 정확함

이사를 하고 나서는 주숙등기라는 것이 필요한데 필요 서류는 아래와 같다.

주숙등기 시 필요 서류

1 본인 여권
2 본인 여권 사본
3 본인 비자 사본 (여권에 있는 비자 페이지 복사하면 된다)
4 임대 계약서 사본 (가져가면 안 돌려 주니까 복사해서 준비하자)
5 집 주인 신분증 사본
6 집 주인 부동산 보유 증명서 사본

이사 계획하기

利安

안녕하세요, 이사계획을 구체적으로 세우고 싶은데 도움이 필요합니다.

您好，帮忙列一下具体搬家计划。

Nín hǎo, bāngmáng liè yíxià jùtǐ bānjiā jìhuà

닌 하오, 빵망 리에 이시아 쥐티 빤지아 지화

服务员

물론이죠, 이사날짜가 언제인가요?

当然需要，搬家日期是什么时候？

Dāngrán xūyào, bānjiā rìqī shì shénmeshíhou

땅란 쉬이야오, 빤지아 르치 스 션머스호우

利安

2월 18일입니다.

2月18号。

Èr yuè shíbā hào

얼 위에 스빠 하오

服务员

이사 박스와 가구가 몇 개인가요?

有几个箱子和家具？

Yǒu jǐ ge xiāngzi hé jiājù

여우 지 거 시앙즈 흐어 지아쥐

利安

박스는 10개 정도 되고요, 가구는 책상, 침대, 서랍장 두 개 정도입니다.

箱子有10个左右，

Xiāngzi yǒu shí ge zuǒyòu,

家具有桌子、床、两个储物柜。

jiājù yǒu zhuōzi、 chuáng、liǎng ge chǔwùguì

시앙즈 여우 쭈어즈, 츄앙, 리앙 거 츄우꾸이

服务员

중간 사이즈의 트럭이 맞을 것 같아요.

估计中型货车就可以。

Gūjì zhōngxíng huòchē jiù kěyǐ

꾸지 쭝싱 후어쳐 지우 커이

服务员

대여비와 운송비는 1,000위안입니다.
포장하고 풀어드리는 건 합해서 1,300위안입니다.

租车费和搬运费是1000块,

Zū chēfèi hé bānyùnfèi shì yì qiān kuài,

쭈 쳐페이 흐어 빤윈페이 스 이 치엔 쿠와이,

包装费和拆装费共1300块。

bāozhuāngfèi hé chāizhuāngfèi gòng yì qiān sān bǎi kuài

빠오쭈앙페이 흐어 차이쭈앙페이 꽁 이 치엔 싸 바이 쿠와이

利安

좋습니다. 비용견적서를 위챗으로 보내주실 수 있어요?

好的，费用预算书可以用微信发给我吗？

Hǎo de, fèiyòng yùsuànshū kěyǐ yòng wēixìn fā gěi wǒ ma

하오 더, 페이용 위수안슈 커이 용 웨이신 파 게이 워 마

服务员

물론입니다. 감사합니다. 확인하시고 연락주세요.

当然，谢谢，确认后请联系。

Dāngrán, xièxie, quèrèn hòu qǐng liánxì

땅란, 시에시에, 취에런 호우 칭 리엔시

具体[jùtǐ 쥐티] 구체적

储物柜[chǔwùguì 츄우꾸이] 캐비닛

包装费[bāozhuāngfèi 빠오쭈앙페이] 포장비

拆装费[chāizhuāngfèi 차이쭈앙페이] 해체비

计划[jìhuà 지화] 계획

估计[gūjì 꾸지] 예상하다

预算书[yùsuànshū 위수안슈] 견적서

생생 여행 *Tip*

• 이사 짐을 옮길 때

货拉拉(후어라라)라는 앱으로 이사 짐을 옮길 때 쓸 수 있는 앱이다.
사무실 이사나 집 이사 시 중국 대도시에서만 서비스 가능하고 포장이사를 책임 있고 저렴한 가격에 잘해준다. 꼭 이사까지는 아니고 짐을 옮길 때 필요한 차량을 선택하고 출발지에서 목적지를 입력하면 된다. 물건만 목적지까지 운반해주는 거라 같이 나르고 하면 또 돈이 필요하다.

额外要求(금액 외 요구사항)은 기사와 가격을 합의해서 해결해야 한다. 美团跑腿(메이투안파오투이)는 퀵 서비스로 거리에 따라 요금이 투명하고 물건 어디까지 도착했는지 실시간 확인되고 서비스가 잘되어있다.

유용한 회화 표현

30-2.mp3

저희 웹사이트를 방문해보셨나요?	**您看过我们网站吗？** [Nín kànguo wǒmen wǎngzhàn ma 닌 칸구어 워먼 왕짠 마]
견적서를 받아볼 수 있을까요?	**可以看到预算书吗？** [Kěyǐ kàndào yùsuànshū ma 커이 칸따오 위수안슈 마]
직접 방문해서 견적을 뽑아주시겠어요?	**直接进网站打印预算书可以吗？** [Zhíjiē jìn wǎngzhàn dǎyìn yùsuànshū kěyǐ ma 즈지에 진 왕짠 따인 위수안슈 커이 마]
개인이사인가요 사무실 이전인가요?	**是私人搬家还是办公室移动？** [Shì sīrén bānjiā háishi bàngōngshì yídòng 스 쓰런 빤지아 하이스 빤공스 이똥
언제 이사하실 건가요?	**什么时候搬家？** [Shénmeshíhou bānjiā 션머스호우 빤지아]
큰 가구가 있나요?	**有大的家具吗？** [Yǒu dà de jiājù ma 여우 따 더 지아쥐 마]
이사 박스를 배송 시킬 수 있습니다.	**可以配送搬家纸箱。** [Kěyǐ pèi sòng bānjiā zhǐxiāng 커이 페이 쏭 빤지아 즈시앙]
전체 이사비용은 얼마인가요?	**搬家费用合计多少？** [Bānjiā fèiyòng héjì duōshao 빤지아 페이용 흐어지 뚜어샤오]
일하시는 분들은 몇 분이 오시나요?	**搬家工人来几位？** [Bānjiā gōngrén lái jǐ wèi 빤지아 꽁런 라이 지 웨이]
세 명의 도움 인력이 필요합니다.	**我需要三位帮手。** [Wǒ xūyào sān wèi bāngshǒu 워 쉬이야오 싼 웨이 빵쇼우]
포장이사를 원하시나요?	**您需要一站式搬家服务吗？** [Nín xūyào yízhànshì bānjiā fúwù ma 닌 쉬야오 이짠스 빤지아 푸우 마]

어휘 플러스

窗帘[chuānglián 츄앙리엔]	커튼
电扇[diànshàn 띠엔샨]	선풍기
吸尘器[xīchénqì 시아쳔치]	진공청소기
沙发[shāfā 샤파]	소파
遥控器[yáokòngqì 이야오콩치]	리모컨
挂钟[guàzhōng 꾸아쭝]	벽시계
梳妆台[shūzhuāngtái 슈쮸앙타이]	화장대
衣柜[yīguì 이꾸이]	옷장
抽屉[chōuti 쵸우티]	서랍
微波炉[wēibōlú 웨이뽀루]	전자렌지
燃气灶[ránqìzào 란치짜오]	가스렌지
冰箱[bīngxiāng 삥시앙]	냉장고
餐桌[cānzhuō 찬쭈어]	식탁
电饭煲[diànfànbāo 띠엔판빠오]	전기밥솥
洗碗机[xǐwǎnjī 시완지]	식기세척기
衣架[yījià 이지아]	옷걸이

중국이
궁금해

중국에서 집 구할 때 주의할 사항

중국에서 집을 구하는 것은 쉬운 일이 아닙니다. 집을 구하는 방법도 여러 가지가 있는데 일단 집을 구했다면 계약을 하기 전에 확인을 해야 할 사항들이 있다.

첫째, 관리비를 한 달에 한 번 내는데 가격이 어떻게 구성이 되어 있는지 확인해야 한다. 특히 전기세(电费), 수도세(水费), 관리비(物业费)들을 어떤 기준으로 금액이 나오는지 꼭 확인을 해야 한다.

둘째, 가격 흥정을 할 수 있으면 최대한 저렴하게 구해야 한다. 보통 부동산을 통해서 구하게 되었을 경우에는 가격이 상당히 비싼 경우가 많다.
부동산에서는 비싸게 계약을 해야 중개비도 높아지기 때문에 최대한 높게 받을 생각을 할 수 있다. 더군다나 외국인에게는 말이다.

셋째, 가구들이 어떻게 구성되어 있는지, 계약하기 전의 집안에 망가진 가전제품이나 가구는 없는지, 계약을 하고 난 후 미리 사진을 찍어놔야 한다.
혹시라도 계약이 끝나고 나갈 때 문제가 생길 소지가 있기 때문이다.

넷째, 와이파이 및 핸드폰이 잘 되는지도 확인을 해야 한다. 간혹 통화가 안되거나 인터넷이 안되는 경우도 있기 때문에 꼼꼼히 확인하고 또 확인해야 한다.

다섯째, 통풍이나 채광은 잘 되는지를 확인해야 한다. 만약 통풍이 잘 안되는 집을 구했다면 한 두 달이 지나면 구석구석에 곰팡이가 핀다.

9
이웃관계

이웃 방문하기

갈등 해결하기

수리 요청하기

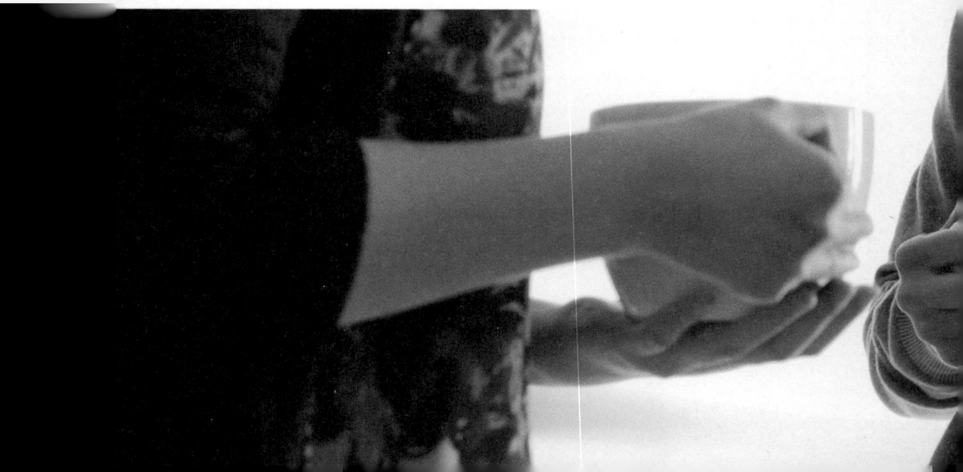

主人 안녕하세요, 어서 오세요!

您好，快请进！

Nín hǎo, kuài qǐng jìn !

닌 하오, 쿠와이 칭 진

利安 안녕하세요, 초대해 주셔서 감사합니다.

您好，非常感谢邀请。

Nín hǎo, fēicháng gǎnxiè yāoqǐng

닌 하오, 페이창 간시에 이야오칭

主人 환영합니다, 여기에 옷걸이가 있습니다.

欢迎欢迎，这儿有衣挂。

Huānyíng huānyíng, zhèr yǒu yīguà

후안잉 후안잉, 쩔 여우 이꾸이

利安 고맙습니다, 여기에 제 코트를 걸어야겠네요.

谢谢，我得把大衣挂在这。

Xièxie, wǒ děi bǎ dàyī guà zài zhè

시에시에, 워 데이 바 따이 꾸아 짜이 쩌

主人 앉으세요, 맥주 한 잔 드시겠어요?

请坐，您想来杯啤酒吗？

Qǐng zuò, nín xiǎng lái bēi píjiǔ ma

칭 쭈어, 닌 시앙 라이 뻬이 피지우 마

利安 고맙습니다, 저는 술을 마시지 못해요, 차 한 잔 주실 수 있으세요?

谢谢，我不能喝酒，可以给我一杯茶吗？

Xièxie, wǒ bùnéng hē jiǔ, kěyǐ gěi wǒ yì bēi chá ma

시에시에, 워 뿌넝 흐어 지우, 커이 게이 워 이 뻬이 차 마

主人 차린 것은 많지 않지만 많이 드세요.

没做几样菜，不要客气请慢用。

Méi zuò jǐ yàng cài, búyào kèqi qǐng mànyòng

메이 쭈어 지 양 차이, 부이야오 커치 칭 만용

利安 아참! 이것은 약소하지만 준비한 선물입니다.

对了！这虽然微不足道，是我准备的礼物。

Duì le zhè suīrán wēibùzúdào, shì wǒ zhǔnbèi de lǐwù

뚜이 러 쩌 수이란 웨이뿌주따오, 스 워 쭌뻬이 더 리우

主人 뭘 이런 것까지 사오셨어요? 감사합니다.

买这些干什么？感谢。

Mǎi zhèxiē gàn shénme gǎnxiè

마이 쩌시에 깐 션머 간시에

主人 음식은 입에 맞는지 모르겠네요.

不知饭菜合不合您口味。

Bù zhī fàncài hé bù hé nín kǒuwèi

뿌 즈 판차이 흐어 뿌 흐어 닌 코우웨이

利安 제 입맛에 딱 맞아요, 정말 맛있어요.

正合我口味，真的很好吃。

Zhènghé wǒ kǒuwèi, zhēnde hěn hǎochī

쩡 흐어 워 코우웨이, 쩐더 헌 하오츠

邀请[yāoqǐng 이야오칭] 초대하다

啤酒[píjiǔ 피지우] 맥주

礼物[lǐwù 리우] 선물

衣挂[yīguà 이꾸아] 옷걸이

微不足道[wēibùzúdào 웨이뿌주따오] 보잘 것 없다

口味[kǒuwèi 코우웨이] 입맛

생생 여행 *Tip*

• 이웃 방문할 때 주면 좋은 선물

첫 번째로 '술'이다

술은 중국어로 酒[jiǔ]라고 표현을 하는데 '오래되다'라는 의미를 가지는 久[jiǔ]와 발음이 같다. 좋은 관계를 맺기 위해서는 오랜 시간을 같이 해야 하기 때문에 발음이 같은 술을 선물을 한다. 특히 비즈니스 관계에서 많이 할 수 있는 선물이다.

두 번째로 '과일바구니'이다

과일 중에서도 특히 사과가 좋다. 사과는 중국어로 苹果[píngguǒ]라고 표현을 하는데 '평안하다, 편안하다'라는 의미를 가지는 平安[píng'ān]발음이 비슷하다. 중국인들은 숫자 8일 좋아하기 때문에 사과의 개수도 맞추어서 주면 더 좋다.

유용한 회화 표현

31-2.mp3

진심으로 환영합니다.	真心地欢迎您。 [Zhēnxīn de huānyíng nín 쩐신 더 후안잉 닌]
초대해 주셔서 감사합니다.	感谢您的款待。 [Gǎnxiè nín de kuǎndài 간시에 닌 더 쿠안따이]
안으로 들어오세요.	里边请。 [Lǐbian qǐng 리비엔 칭]
많이 드세요.	请慢慢享用。 [Qǐng mànman xiǎngyòng 칭 만만 시앙용]
정말 맛있습니다.	真的很好吃。 [Zhēnde hěn hǎochī 쩐더 헌 하오츠]
벌써 배가 부르네요.	已经饱了。 [Yǐjīng bǎo le 이징 빠오 러]
정말 많이 차리셨네요.	准备这么多的菜。 [Zhǔnbèi zhème duō de cài 쭌뻬이 쩌머 뚜어 더 차이]
평소에 먹는 것으로 차렸어요.	就是平时的家常便饭。 [Jiùshì píngshí de jiāchángbiànfàn 지우스 핑스 더 지아창비엔판]
제가 준비해야 할 것이 있나요?	有需要我准备的吗？ [Yǒu xūyào wǒ zhǔnbèi de ma 여우 쉬이야오 워 쭌뻬이 더 마]
죄송하지만 제가 그날이 일이 있어서요.	真抱歉, 那天我有事。 [Zhēn bàoqiàn, nà tiān wǒ yǒu shì 쩐 빠오치엔, 나 티엔 워 여우 스]

어휘 플러스

邻居[línjū 린쥐]	이웃
隔壁[gébì 거삐]	옆집
做客[zuòkè 쭈어커]	손님이 되다
客人[kèrén 커런]	손님
邀请[yāoqǐng 이야오칭]	초대하다
招待[zhāodài 짜오따이]	초청하다
东道[dōngdào 똥따오]	주인
准备[zhǔnbèi 쭌뻬이]	준비하다
款待[kuǎndài 쿠안따이]	환대하다
感谢[gǎnxiè 간시에]	감사하다
饭菜[fàncài 판차이]	식사
家常便饭[jiāchángbiànfàn 지아창비엔판]	평소 집에서 먹는 음식
礼物[lǐwù 리우]	선물
茶点[chádiǎn 차디엔]	다과

중국이 궁금해

이웃 방문할 때 주면 안되는 선물

첫 번째로 '시계'이다. 시계를 의미하는 단어가 钟[zhōng]인데 죽음을 의미하는 终[zhōng]과 발음이 같아서 죽음을 의미하기 때문에 절대로 시계를 선물로 주어서는 안된다. 또한 시계를 선물로 주다라는 의미가 送钟[sòngzhōng]인데 送钟에서 钟을 终으로 바꾸어서 발음을 하면 '임종을 지키다, 장례를 치르다'라는 의미가 되기 때문에 시계 종류의 선물은 피하는 것이 좋다.

두 번째로 '우산'이다. 우리나라에서는 연인에게 신발을 선물하면 그 신발을 신고 도망간다는 말이 있듯이 중국도 비슷한 의미이다. 우산을 의미하는 단어가 伞[sǎn]인데 '흩어지다, 이별하다'라는 의미의 발음과 같은 散[sàn]이기 때문에 우산의 선물은 피하는 것이 좋다.

세 번째로 '녹색모자'이다. 중국인들은 색에 따라 호불호가 강하다. 녹색이 가져다주는 부정적인 의미 때문이라고 생각할 수 있다. 녹색모자의 의미는 바람피는 여자의 남편이라는 의미를 가지고 있는데 옛날에는 천민 혹은 기생의 가족을 일반 사람과 구별하기 위해서 녹색 두건을 쓰게 한 일이 있으며, 명(明)나라 때에는 기생집의 주인에게 벽록건(碧綠巾)을 쓰게 한 일이 있었다. 그래서 녹색모자는 선물을 절대로 해서는 안된다.

利安 안녕하세요? 죄송한데 음악 소리를 조금 줄여줄 수 있나요?

您好，很抱歉，音乐声能调低点吗？

Nín hǎo, hěn bàoqiàn, yīnyuè shēng néng tiáodī diǎn ma

닌 하오, 헌 빠오치엔, 인위에 셩 넝 티아오띠 디엔 마

邻居 소리가 너무 큰가요?
오늘 친구 생일이어서 파티를 하고 있어요.

声音太高吗？

Shēngyīn tài gāo ma

셩인 타이 까오 마?

今天朋友生日，在举行派对。

Jīntiān péngyou shēngrì, zài jǔxíng pàiduì

진티엔 펑여우 셩르, 짜이 쥐싱 파이뚜이

利安 제가 오늘 많이 피곤한데 푹 쉴 수가 없네요.

今天我很累，没法好好儿休息。

Jīntiān wǒ hěn lèi, méifǎ hǎohāor xiūxi

진티엔 워 헌 레이, 메이파 하오할 시우시

邻居 정말 죄송합니다. 주의할게요.

真是抱歉，我们会注意的。

Zhēnshì bàoqiàn, wǒmen huì zhùyì de

쩐스 빠오치엔, 워먼 후이 쭈이 더

利安 생일파티를 하는 것은 이해를 하긴 합니다.
입장을 바꿔서 생각을 해보세요.

生日聚会是能理解，

Shēngrì jùhuì shì néng lǐjiě,

셩르 쥐후이 스 넝 리지에,

但换个立场考虑一下吧。
dàn huàn ge lìchǎng kǎolǜ yíxià ba
딴 후안 거 리창 카오뤼 이시아 바

邻居 저희가 생각이 짧았네요, 음악 소리 줄일게요.
怪我们没有想到，音乐声会放低的。
Guài wǒmen méiyou xiǎngdào, yīnyuè shēng huì fàngdī de
꾸와이 워먼 메이여우 시앙따오, 인위에 셩 후이 팡띠 더

利安 이해해주시니 감사합니다.
谢谢理解。
Xièxie lǐjiě
시에시에 리지에

邻居 저희가 오히려 죄송합니다.
是我们对不住了。
Shì wǒmen duìbuzhù le
스 워먼 뚜이부쭈 러

抱歉[bàoqiàn 빠오치엔] 미안하게 생각하다
举行[jǔxíng 쥐싱] 거행하다
聚会[jùhuì 쥐후이] 모임
考虑[kǎolǜ 카오뤼] 고려하다
声音[shēngyīn 셩인] 소리
派对[pàiduì 파이뚜이] 파티
立场[lìchǎng 리창] 입장

생생 여행 *Tip*

• 사드 갈등 문제

지금도 모든 문제가 해결된 것은 아니지만 조금씩 양국 간의 사드 갈등이 해결되어가고 있는 단계에 있다고 말할 수 있다.

그렇기 때문에 여행을 할 때 정치적인 발언을 조심하는 것이 좋다. 또한 정치적인 발언뿐만 아니라 그들의 문화를 존중해야 혹시라도 모를 오해를 사지 않을 수 있다. 정치적인 문제지만 민감한 화제로 인해서 혹시 모를 불상사를 미리 방지를 해야 하는 이유이다.

중국인들은 자신의 문화와 전통에 대해 매우 자부심을 가지고 있기 때문에 여행을 하면서 그들의 체제 및 문화에 대해 비하하거나 무시하는 행동은 갈등의 문제를 야기할 수 있기 때문에 여행 시 발언을 조심해야 하는 이유이다.

유용한
회화 표현

32-2.mp3

저는 옆집에 사는 사람인데요.	**我是住在隔壁的邻居。** [Wǒ shì zhù zài gébì de línjū 워 스 쭈 짜이 거삐 더 린쥐]
텔레비전 소리가 너무 큽니다.	**电视声音太高了。** [Diànshì shēngyīn tài gāo le 띠엔스 셩인 타이 까오 러]
텔레비전 소리를 줄여줄 수 있나요?	**可以把电视声音放低吗？** [Kěyǐ bǎ diànshì shēngyīn fàngdī ma 커이 바 띠엔스 셩인 팡띠 마]
아기가 잠을 잘 수 없습니다.	**宝宝没法入睡。** [Bǎobao méifǎ rùshuì 빠오빠오 메이파 류슈이]
입장을 바꿔 생각해보시겠어요?	**您能换立场想一想吗？** [Nín néng huàn lìchǎng xiǎngyixiǎng ma 닌 넝 후안 리챵 시앙이시앙 마]
대화로 해결해요.	**沟通一下解决吧。** [Gōutōng yíxià jiějué ba 꼬우통 이시아 지에쥐에 바]
거주지역에서 큰 소리를 지르면 다른 사람에게 피해를 줍니다.	**住宅区大声喊, 会妨碍别人的。** [Zhùzháiqū dà shēnghǎn, huì fáng'ài biérén de 쭈짜이취 따 셩한, 후이 팡아이 비에런 더]
늦은 밤에는 조용해야 합니다.	**深夜要安静。** [Shēnyè yào ānjìng 션이에 이야오 안징]
왜 그렇게 시끄럽죠?	**为什么那么吵？** [Wèishénme nàme chǎo 웨이션머 나머 차오]
제가 몇 번을 참고 이야기 하는데요.	**我已经忍耐多次, 现在才说。** [Wǒ yǐjīng rěnnài duō cì, xiànzài cái shuō 워 이징 런나이 뚜어 츠, 시엔짜이 차이 슈어]
도대체 무슨 일이 있는거죠?	**到底有什么事？** [Dàodǐ yǒu shénme shì 따오띠 여우 션머 스]

어휘 플러스

矛盾[máodùn 마우뚠]	모순, 의견충돌하다
噪音[zàoyīn 자오인]	소음
声音[shēngyīn 셩인]	소리
吵架[chǎojià 챠오지아]	말다툼하다
打架[dǎjià 따지아]	싸움하다
压力[yālì 야리]	스트레스
缓解[huǎnjiě 후안지에]	완화하다
减少[jiǎnshǎo 지엔샤오]	감소하다
消除[xiāochú 시아오츄]	제거하다
发生[fāshēng 파셩]	발생하다
小看[xiǎokàn 시아오칸]	무시하다
消气[xiāoqì 시아오치]	화를 풀다
郑重[zhèngzhòng 쪙쭝]	정중하다, 신중하다
顶嘴[dǐngzuǐ 띵쭈이]	말대꾸하다
歪理[wāilǐ 와이리]	생억지
嫌弃[xiánqì 시엔치]	싫어하다
和好[héhǎo 흐어하오]	화목하다, 사이가 좋아지다
纠纷[jiūfēn 지우펀]	다툼, 분쟁

중국이 궁금해

중국인의 문화

중국은 넓은 지역, 많은 인구, 다양한 민족이 함께 거주하는 특성 때문에 일부 중국인들은 새로운 상대방에 대한 의심이 매우 많다. 그런 이유로 지연 · 학연 등 각종 이해관계에 얽힌 관계(關係)를 매우 중요시 한다.

그들이 말하는 꽌시(관계)에는 여러 단계의 특징이 있는데 꽌시라는 동일한 집단에서는 막강한 신뢰관계가 형성되지만 꽌시 밖에 있는 외부에 대해서는 매우 배타적인 경향이 있다. 그들과 소통을 할 때는 주의를 해야 할 부분들이 몇 가지가 있다. 그들이 가장 중요시 하는 것은 체면이다. 만약에 중국인과 일을 하면서 잘못된 것을 지적해야 할 때는 많은 사람들이 있는 앞에서 그의 체면을 깎아서는 안되며 따로 불러서 이야기를 해야 그의 체면을 깎지 않을 수 있다. 만약에 그의 체면을 살려줘야 한다면 많은 사람들 앞에서 그를 칭찬해야 한다. 따로 불러서 칭찬을 해주는 것도 그의 체면을 살려주는 것이 아니기 때문이다. 그들의 문화를 이해하고 그들과 교류를 한다면 중국을 더 이해할 수 있는 아주 중요한 열쇠가 될 것이다.

維修员 안녕하세요, 무엇을 도와드릴까요?

您好，有什么需要帮助的吗？

Nín hǎo, yǒu shénme xūyào bāngzhù de ma

닌 하오, 여우 션머 쉬이야오 빵쭈 더 마

利安 안녕하세요, 샤워실에 문제가 있어요

您好，浴室出问题了。

Nín hǎo, yùshì chū wèntí le

닌 하오, 위스 츄 원티 러

维修员 어떤 문제를 말하시는 거죠?

出什么问题了？

Chū shénme wèntí le

츄 션머 원티 러

利安 샤워기의 수압이 너무 약해요.

淋浴器水压太小了。

Línyùqì shuǐyā tài xiǎo le

린위치 슈이야 타이 시아오 러

维修员 제 생각에는 샤워 꼭지 안에 석회가 너무 많이 낀 것 같아요.

我猜淋浴头被石化堵住了。

Wǒ cāi línyùtóu bèi shíhuà dǔzhù le

워 차이 린위토우 뻬이 스화 뚜쮸 러

利安 그럼 어떻게 석화를 제거하면 되죠?

那怎么清理石化呢？

Nà zěnme qīnglǐ shíhuà ne

나 쩐머 칭리 스화 너

维修员

물 100밀리미터에 식초를 다섯 방울을 풀고,
샤워 꼭지를 그 물에 30분간 담궈 보세요.

100毫升水里滴五滴醋,
Yì bǎi háoshēng shuǐ li dī wǔ dī cù,
이 빠이 하오성 슈이 리 띠 우 띠 추,

把淋浴头放里面泡30分钟。
bǎ línyùtóu fàng lǐmiàn pào sānshí fēnzhōng
바 린위토우 팡 리미엔 파오 싼스 펀쭝

利安

알겠습니다. 그렇게 해볼게요. 고맙습니다.

知道了, 我试试, 谢谢。
Zhīdào le, wǒ shìshi, xièxie
즈따오 러, 워 스스, 시에시에

维修员

별 말씀을.

不客气。
Bú kèqi
부 커치

需要[xūyào 쉬이야오] 필요하다
毫升[háoshēng 하오성] 밀리미터
水压[shuǐyā 슈이야] 수압
石化[shíhuà 스화] 석화

생생 여행
Tip

• A/S센터 이용하기

중국에서 A/S센터는 售后服务中心[shòuhòu fúwù zhōngxīn]이라고 한다.
서비스에 대한 인식이 달라져서 많은 브랜드들은 A/S에 대해 매우 중요하게 생각을 한다. 브랜드의 경우 홈페이지에서 지점을 찾으면 서비스 센터가 나오기 때문에 거주하는 곳과 가까운 곳을 방문하여 문제를 해결할 수 있다.
서비스 센터를 신청하는 방법은 우리나라와 마찬가지로 인터넷 및 스마트폰으로 예약을 하거나 직접 방문하여 신청할 수 있다.

'고장이 나다'라는 의미를 가지는 단어는 여러 가지가 있다.
坏[huài 후아이], 有问题[yǒu wèntí 여우 원티], 出毛病[chū máobìng 츄 마오삥], 故障[gùzhàng 꾸쟝]

유용한 회화 표현

33-2.mp3

수도꼭지에서 물이 안 나와요.	水龙头不出水。 [Shuǐlóngtóu bù chū shuǐ 슈이롱토우 뿌 츄 슈이]
변기가 막혔어요.	坐便器堵了。 [Zuòbiànqì dǔ le 쭈어비엔치 뚜 러]
욕실 타일이 깨졌어요.	浴室瓷砖裂了。 [Yùshì cí zhuānliè le 위스 츠 쭈안리에 러]
원인을 모르겠어요.	不知什么原因。 [Bù zhī shénme yuányīn 뿌 즈 션머 위엔인]
해결책을 찾을 수 없습니다.	找不到解决办法。 [Zhǎobudào jiějué bànfǎ 짜오부따오 지에쥐에 빤파]
다른 방법이 있나요?	没有别的办法吗？ [Méiyou biéde bànfǎ ma
냉장고 냉동이 되고 있지 않습니다.	冰箱冷冻室使用不了。 [Bīngxiāng lěngdòngshì shǐyòngbùliǎo 삥시앙 렁똥스 스용뿌리아오]
물이 새는 것 같아요.	好像漏水。 [Hǎoxiàng lòu shuǐ 하오시앙 로우 슈이]
사람을 보내서 확인 해주세요.	请找人过来看看。 [Qǐng zhǎo rén guòlái kànkan 칭 짜오 런 꾸어라이 칸칸]
인터넷이 됐다 안됐다 해요.	网络时好时坏。 [Wǎngluò shíhǎo shíhuài 왕루어 스하오 스후아이]
열쇠를 잃어버렸는데 문을 열어주세요.	钥匙丢了，帮忙打开门。 [Yàoshi diū le, bāngmáng dǎkāi mén 이야오스 띠우 러, 빵망 따카이 먼]
갑자기 전기가 나갔어요.	突然停电了。 [Tūrán tíngdiàn le 투란 팅띠엔 러]

어휘 플러스

服务[fúwù 푸우]	서비스
维修[wéixiū 웨이시우]	수리
售后服务[shòuhòu fúwù 쇼우호우 푸우]	애프터서비스
坏[huài 후아이]	고장나다
出毛病[chū máobìng 츄 마오삥]	고장이 나다
故障[gùzhàng 꾸짱]	고장
申请[shēnqǐng 션칭]	신청하다
马桶[mǎtǒng 마통]	변기
堵[dǔ 뚜]	막히다
访问[fǎngwèn 팡원]	방문하다
空调[kōngtiáo 콩티아오]	에어컨
电器[diànqì 띠엔치]	가전제품
冰箱[bīngxiāng 삥시앙]	냉장고
发霉[fāméi 파메이]	곰팡이가 피다
壁纸[bìzhǐ 삐즈]	벽지
墙壁[qiángbì 치앙삐]	벽
窗户[chuānghu 츄앙후]	창문
密码锁[mìmǎsuǒ 미마수어]	도어락

중국이 궁금해

중국에서의 서비스

많은 사람들이 중국은 서비스가 좋지 않다고 생각하고 있다. 그렇지만 중국도 서비스에 대한 정의를 다시 내리고 있는 과도기적인 상황이라고 말할 수 있다. 그렇게 생각하는 이유는 중국에서는 서비스에 대한 개념이 다르기 때문이다. 중국인은 서비스를 받는 사람에 초점을 주는 것이 아니고 서비스를 제공하는 사람에게 초점을 두고 있다. 한국에서는 서비스의 대상이 소비자에 집중된다면 중국에서는 서비스의 대상이 판매자에 집중이 된다. 그러므로 이미 서비스를 제공하고 있다고 생각하기에 더 친절해야 할 필요성을 느끼지 못하는 것이고, 받는 소비자 입장에서도 서비스를 누리고 있어서 서비스의 질에 대해서는 크게 불만스러워하지 않는다.

그 이유를 유추해보면 공산당 체제 이후 직업을 당에서 정해지는 과정에서 인민을 위해 서비스를 제공하고 봉사하는 사람이 되었다. 중국 특유의 직업 부여 체제가 그들의 직업관이나 서비스관에 영향을 많이 끼쳤을 것이다.
그러나, 중국도 이제 서비스에 대한 인식의 변화가 오고 있다. 많은 기업들이 적극적으로 서비스에 대한 개선을 하고 있다.

공휴일과 축제

국정 공휴일

1 元旦(위엔단)

새해, 신정, 하루 휴일

2 春节(춘지에)

음력 1월 1일을 춘지에라고 부르며, 보통 5일에서 1주일 정도 쉰다.

3 清明节(칭밍지에)

양력 4월 5일 전후이고 조상의 묘를 찾아가 성묘하는 것이 주요 행사이고 뜨거운 음식대신에 찬 음식을 먹는 전통이 있다. 2008년부터 법정공휴일로 지정되어 3일간 휴무하고 가까운 주말에 이틀간 대체 근무한다.

4 劳动节(라오똥지에)

양력 5월 1일 노동절로 당일만 법정공휴일로 지정되어 있으나 보통 3일간 휴무하고 가까운 주말에 이틀간 대체 근무한다.

5 端午节(뚜안우지에)

음력 5월 5일 단오절로 굴원이 멱라수에 빠져 죽었다는 고사에서 유래해 물고기가 굴원의 시체를 먹지 못하게 중쯔를 물에 던지는 풍습이 생겨났다. 3일 휴무한다.

6 中秋节(중치우지에)

음력 8월 15일 추석이고, 월병을 주고 받고 보름달을 보면서 소원을 빈다. 3일 휴무한다.

7 国庆节(구어칭지에)

양력 10월 1일 국경절로 1949년 10월 1일 신중국 성립을 기념하는 날이다. 중국 최대의 명절로 법적으로 7일 쉬지만 상황에 따라 열흘 정도 쉬는 경우도 있다.

• 기념일

1 儿童节(얼통지에)

매년 6월 1일이고, 쉬는 날이 아니어서 학교에 가면 시 낭송, 노래, 춤, 연극 같은 다양한 프로그램이 준비되어있어 각자 원하는 프로그램을 선택할 수 있다.

2 母亲节(무친지에)

어머니의 날은 매년 5월 둘째 주 일요일이다.

3 父亲节(푸친지에)

아버지의 날은 6월 셋째 주 일요일이다.

대만의 경우, 아버지를 의미하는 한자 爸와 숫자 8을 의미하는 한자 八의 발음이 비슷하기 때문에 해음현상에 따라 아버지의 날을 매년 8월 8일로 지정해 빠빠지에(八八节)라고 부르기도 한다.

4 教师节(지아스지에)

스승의 날은 9월 10일이고, 대만은 공자의 탄생일인 9월 28일을 스승의 날로 정하고 있다. 중국은 매년 9월에 새 학기가 시작되는데, 학기 초에 학생들은 선생님에 대한 존경심을 키우고, 선생님은 앞으로 학생을 더 책임감 있게 돌보라는 의미로 9월에 정해졌다.

대사관 및 비상연락처

중국에는 주중국대사관(베이징)관할아래 총 8개의 총영사관(香港, 上海, 青岛, 广州, 沈阳, 成都, 西安, 武汉)과 1개의 출장소(大连)가 개설되어 있다.

• 주중국대사관 영사부

주소: 北京市朝阳区亮马桥东方东路20号(100600)

전화: (86-10)8532-0404

팩스: (86-10)6532-3891

이메일: chinaconsul@mofa.go.kr

홈페이지: http://overseas.mofa.go.kr/cn-ko/index.do

영사관관할 구역: 북경, 천진, 하북성, 산서성, 청해성, 내몽고자치구,
신강위구르자치구, 서장자치구

• 주홍콩총영사관

1949.05.01 개설

주소: 5-6/F, Far East Finance Centre, 16 Harcourt Road, Hong Kong

전화: (852)2529-4141

팩스: (852)2861-3699

이메일: hkg-info@mofa.go.kr

홈페이지: http://overseas.mofa.go.kr/hk-ko/index.do

영사관관할 구역: 홍콩, 마카오(香港, 澳门)

• 주상해총영사관

1993.07.14 개설

주소: 上海市万山路60號(200336)

전화: (86-21)6295-5000

팩스: (86-21)6295-2629

이메일: shanghai@mofa.go.kr

홈페이지: http://overseas.mofa.go.kr/cn-shanghai-ko/index.do

영사관관할 구역: 상해, 안휘성, 강소성, 절강성
(上海市, 安徽省, 江苏省, 浙江省)

•주청도총영사관

1994.09.12 개설

주소: 山东省青岛市城阳区春阳路88号(266109)

전화: (86-532) 8897-6001

팩스: (86-532) 8897-6005

이메일: qdconsul@mofa.go.kr

홈페이지: http://overseas.mofa.go.kr/cn-qingdao-ko/index.do

영사관관할 구역: 청도, 산동성(青岛, 山东省)

•주심양총영사관

1999.07.08 개설

주소: 辽宁省沈阳市和平区南13纬路37号(110003)

전화: (86-24) 2385-3388

팩스: (86-24) 2385-5170

이메일: shenyang@mofa.go.kr

홈페이지: http://overseas.mofa.go.kr/cn-shenyang-ko/index.do

영사관관할 구역: 요녕성, 흑룡강성, 길림성(辽宁省, 黑龙江省, 吉林省)

•주광주총영사관

2001.08.28 개설

주소: 广东省广州市海珠区赤岗领事馆区友邻三路18号(邮编510310)

전화: (86-20) 2919-2999

팩스: (86-20) 2919-2963

이메일: guangzhou@mofa.go.kr

홈페이지: http://overseas.mofa.go.kr/cn-guangzhou-ko/index.do

영사관관할 구역: 광동성, 광서장족자치구, 해남성, 복건성
(广东省, 广西壮族自治区, 海南省, 福建省)

•주성도총영사관 2005.02.26 개설

주소: 四川省成都市东御街18号百扬大厦14楼(610016)

전화: (86-28) 8616-5800

팩스: (86-28) 8616-5789

이메일: chengdu@mofa.go.kr

홈페이지: http://overseas.mofa.go.kr/cn-chengdu-ko/index.do

영사관관할 구역: 중경직할시, 사천성, 운남성, 귀주성
(重庆直辖市, 四川省, 云南省, 贵州省)

•주서안총영사관 2007.09.20 개설

주소: 陕西省西安市高新技术产业开发区科技路33号国际商务中心19层 (710075)

전화: (86-29) 8835-1001

팩스: (86-29) 8835-1002

이메일: xian@mofa.go.kr

홈페이지: http://overseas.mofa.go.kr/cn-xian-ko/index.do

영사관관할 구역: 섬서성, 감숙성, 녕하회족자치구
(陕西省, 甘肃省, 宁夏回族自治区)

•주우한총영사관 2010.10.25 개설

주소: 湖北省武漢市江漢區新華路218號 浦發銀行大廈4樓(430022)

전화: (86-27) 8556-1085

팩스: (86-27) 8574-1085

이메일: wuhan@mofa.go.kr

홈페이지: http://overseas.mofa.go.kr/cn-wuhan-ko/index.do

영사관관할 구역: 호북성, 호남성, 하남성, 강서성
(湖北省, 湖南省, 河南省, 江西省)

•주대련출장소 2012.08.29 개설

주소: 湖北省武汉市江汉区新华路218号浦发银行大厦4楼

전화: (86-411) 8235-6288

팩스: (86-411) 8235-6283

이메일: dalian@mofa.go.kr

홈페이지: http://overseas.mofa.go.kr/cn-dalian-ko/index.do

영사관관할 구역: 대련시(大连市)

- 경찰신고 110
- 화재신고 119

중국여행 시 꼭 필요한 표현 30개

중국여행을 하다보면 자주 쓰는 표현들이 있다. 그들의 말을 이해할 수 없지만 내가 하고자 하는 말을 할 수 있다면 바디 랭기지를 통해서도 그들과 소통이 가능하다. 그래서 여행에서 많이 쓰는 표현을 30개 문장으로 정리했다.

01 **多少钱?** 얼마에요?
Duōshao qián
뚜어샤오 치엔

02 **我随便看吧。** 제가 좀 볼게요.
Wǒ suíbiàn kàn ba.
워 수이비엔 칸 바

03 **我要刷卡。** 카드 결제할게요.
Wǒ yào shuā kǎ.
워 이야오 슈아 카

04 **能便宜点吗?** 깎아줄 수 있나요?
Néng piányi diǎn ma
넝 피엔이 디엔 마

05 **请再说一遍。** 다시 한 번 말씀해주세요.
Qǐng zài shuō yí biàn.
칭 짜이 슈어 이 비엔

06 请给我发票。
Qǐng gěi wǒ fāpiào.
칭 게이 워 파피아오

저에게 영수증을 주세요.

07 我要点菜。
Wǒ yào diǎncài.
워 이야오 디엔차이

주문할게요.

08 不要放香菜。
Búyào fàng xiāngcài.
부이야오 팡 시앙차이

고수는 넣지 말아주세요.

09 我要在这里吃。
Wǒ yào zài zhèli chī.
워 이야오 짜이 쩌리 츠

저는 이곳에서 먹을겁니다.

10 这儿最受欢迎的是什么?
Zhèr zuì shòu huānyíng de shì shénme
쩔 쭈이 쇼우 후안잉 더 스 션머

이곳에서 가장 인기있는 것이 무엇이죠?

11 服务员,
Fúwùyuán,
푸우위엔,

我们的什么时候上菜?
wǒmen de shénmeshíhou shàngcài
워먼 더 션머스호우 샹차이

저기요,
우리 음식 언제 나오나요?

12 再来一个, 好吗?
Zài lái yí ge, hǎo ma
짜이 라이 이 거, 하오 마

하나 더 주세요, 네?

13 请给我推荐一下, 好吗?
Qǐng gěi wǒ tuījiàn yíxià, hǎo ma
칭 게이 워 투이지엔 이시아, 하오 마

저한테 추천 좀 해주시겠어요?

14 怎么走?
Zěnme zǒu
쩐머 쪼우

어떻게 가죠?

15 怎么回事?
Zěnme huíshì
쩐머 후이스

어떻게 된 일이죠?

16 我是来旅游的。

Wǒ shì lái lǚyóu de

워 스 라이 뤼여우 더

저는 여행왔습니다.

17 请您帮帮我。

Qǐng nín bāngbang wǒ

칭 닌 빵빵 워

저 좀 도와주세요.

18 请让一下。

Qǐng ràng yíxià

칭 랑 이시아

지나갈게요.

19 我要充值。

Wǒ yào chōngzhí

워 이야오 총즈

저 충전 할게요.

20 自动售票机怎么用?

Zìdòng shòupiàojī zěnme yòng

쯔똥 쇼우피아오지 쩐머 용

자동판매기 어떻게 사용하죠?

21 我要办一张交通卡。

Wǒ yào bàn yì zhāng jiāotōngkǎ

워 이야오 빤 이 장 지아오통카

저는 교통카드 한 장 만들려고요.

22 大概需要多长时间?

Dàgài xūyào duō cháng shíjiān

따까이 쉬이야오 뚜어 창 스지엔

대략 얼마나 걸리죠?

23 无线网密码是什么?

Wúxiànwǎng mìmǎ shì shénme

우시엔왕 미마 스 션머

무선 인터넷 비밀번호가 뭐죠?

24 这附近有便利店吗?

Zhè fùjìn yǒu biànlìdiàn ma

칭 지아오 후이 슈어 한위 더

이 근처에 편의점이 있나요?

25 请叫会说韩语的。

Qǐng jiào huì shuō Hányǔ de

한국어 할 줄 아는 사람 불러주세요.

26 请叫一辆出租车。

Qǐng jiào yí liàng chūzūchē

칭 지아오 이 리앙 츄주쳐

택시 한 대 불러주세요.

27 做足疗的地方在哪儿?

Zuò zúliáo de dìfang zài nǎr

쭈어 주리아오 더 띠팡 짜이 날

마사지 받는 곳은 어디인가요?

28 太痒了，要重一点。

Tài yǎng le, yào zhòng yìdiǎn

타이 양 러, 이야오 쭝 이디엔

너무 간지러워요,
좀 세게 해주세요.

29 这里可以拍照片吗?

Zhèli kěyǐ pāi zhàopiàn ma

쩌리 커이 파이 짜오피엔 마

이곳에서 사진 찍어도 되나요?

30 请帮我拍张照片，好吗?

Qǐng bāng wǒ pāi zhāng zhàopiàn, hǎo ma

칭 빵 워 파이 쟝 짜오피엔, 하오 마

사진 한 장 찍어주시겠어요?